චතුරාර්ය සත්‍යාවබෝධයට ධර්ම දේශනා....

කියන්නම් සෙනෙහසින් මිය නොයන් හිස් අතින්

පූජ්‍ය කිරිබත්ගොඩ ඤාණානන්ද ස්වාමීන් වහන්සේ

චතුරාර්ය සත්‍යාවබෝධයට ධර්ම දේශනා....

කියන්නම් සෙනෙහසින් මිය නොයන් හිස් අතින්...

පූජ්‍ය කිරිබත්ගොඩ ඤාණානන්ද ස්වාමීන් වහන්සේ

© සියලුම හිමිකම් ඇවිරිණි.

ISBN : 978 955 0614 17 2

ප්‍රථම මුද්‍රණය : ශ්‍රී බු.ව. 2554 ක් වූ මැදින් මස පුන් පොහෝ දින
දෙවන මුද්‍රණය : ශ්‍රී බු.ව. 2555 ක් වූ බක් මස පුන් පොහෝ දින
තෙවන මුද්‍රණය : ශ්‍රී බු.ව. 2556 ක් වූ නිකිණි මස පුන් පොහෝ දින
සිව්වන මුද්‍රණය : ශ්‍රී බු.ව. 2556 ක් වූ බිනර මස පුන් පොහෝ දින
පස්වන මුද්‍රණය : ශ්‍රී බු.ව. 2557 ක් වූ වප් මස පුන් පොහෝ දින

- සම්පාදනය -

මහමෙව්නාව භාවනා අසපුව
වඩුවාව, යටිගල්ඔළුව, පොල්ගහවෙල.
දුර : 037 2244602
info@mahamevnawa.lk | www.mahamevnawa.lk

- පරිගණක අකුරු සැකසුම, පිටකවර නිර්මාණය සහ ප්‍රකාශනය -

මහාමේඝ ප්‍රකාශකයෝ
වඩුවාව, යටිගල්ඔළුව, පොල්ගහවෙල.
දුර : 037 2053300, 0773216685
mahameghapublishers@gmail.com | www.mahameghapublishers.com

- මුද්‍රණය -

ලීඩ්ස් ග්‍රැෆික්ස් (පුද්.) සමාගම,
අංක 356 E, පන්නිපිටිය පාර, තලවතුගොඩ.

චතුරාර්ය සත්‍යාවබෝධයට ධර්ම දේශනා....

කියන්නම් සෙනෙහසින් මිය නොයන් හිස් අතින්

පූජ්‍ය කිරිබත්ගොඩ ඤාණානන්ද ස්වාමීන් වහන්සේ

විසින් පවත්වන ලද සදහම් වැඩසටහන් වලදී දේශනා කරන ලද සූත්‍ර දේශනා ඇසුරෙනි.

MAHAMEGHA

ප්‍රකාශනයකි

පෙළගැස්ම....

"දසබලසේලප්පභවා නිබ්බානමහාසමුද්දපරියන්තා
අට්ඨංග මග්ගසලිලා ජිනවචනනදී චිරං වහතූති"

දසබලයන් වහන්සේ නමැති ශෛලමය පර්වතයෙන් පැන නැගී
අමා මහා නිවන නම් වූ මහා සාගරය අවසන් කොට ඇති
ආර්ය අෂ්ටාංගික මාර්ගය නම් වූ සිහිල් දිය දහරින් හෙබි
උතුම් ශ්‍රී මුඛ බුද්ධ වචන ගංගාව
(ලෝ සතුන්ගේ සසර දුක නිවාලමින්)
බොහෝ කල් ගලාබස්නා සේක්වා!

(සළායතන සංයුත්තය - උද්දාන ගාථා)

බුදුරජාණන් වහන්සේගෙන්......

පවසින් පෙලෙන්නවුන් පැන් සොයා ගියා සේ
අමා පැන් සොයමින් සිටි පිනැතියන් වෙත
අමා නිවනට දොර විවෘත කරන ලදී.
දෙසවන් යොමනු රිසියෝ සැදැහෙන් අසත්වා......

පින්වත,
මවිසින් දේශනා කරන ලද මේ ශ්‍රේෂ්ඨ ධර්මය
ඔබ මැනවින් වටහා ගනී නම්
ඒ සද්ධර්මය විසින්
සැකයෙන් පමණක් නොව සසරින් ද
ඔබව සදහට ම එතෙර කරවනු ඇත.

(ගෞතම බුදුරජාණන් වහන්සේ)

- ඒ භාග්‍යවත් බුදුරජාණන් වහන්සේ පිරිනිවන් පා වදාළ පසු, ප්‍රථම ධර්ම සංගායනාවෙන් ශ්‍රී සද්ධර්මය ස්ථාපිත කරන ලද මහා කාශ්‍යප මහරහතන් වහන්සේ ප්‍රමුඛ රහතන් වහන්සේලාට මම නමස්කාර කරමි. මාගේ නමස්කාරය වේවා....!

- විවිධ මතිමතාන්තර වලින් මේ ශ්‍රී සද්ධර්මය අවුල් වෙන්නට නොදී රැකගනිමින් දෙවන ධර්ම සංගායනාව කොට වදාළ, සබ්බකාමී-යස මහරහතන් වහන්සේලා ප්‍රමුඛ රහතන් වහන්සේලාට මම නමස්කාර කරමි. මාගේ නමස්කාරය වේවා....!

- තුන්වෙනි ධර්ම සංගායනාව කරමින්, නැවත වරක් විවිධ මිථ්‍යා දෘෂ්ටීන්ගෙන් ශ්‍රී සද්ධර්මය සුරක්ෂිත කොට වදාළ, මොග්ගලීපුත්තතිස්ස මහරහතන් වහන්සේ ඇතුළු රහතන් වහන්සේලාට මම නමස්කාර කරමි. මාගේ නමස්කාරය වේවා....!

නමෝ තස්ස භගවතෝ අරහතෝ සම්මාසම්බුද්ධස්ස
ඒ භාග්‍යවත් අරහත් සම්මා සම්බුදුරජාණන් වහන්සේට නමස්කාර වේවා!

01.
සොයා ගමු සැනසිලි මග

උපතින් කතෝලිකයෙක්......

පින්වතුනි, මේ ජීවිතයේ මා ඉපදුණේ බෞද්ධ පවුලක නොවෙයි. කිසිම ආගමික පරිසරයක් නැති පවුලක උපත ලැබූ මට, දෙමාපිය අවසරය ඇතිව, මේ බුද්ධ ශාසනයේ උතුම් පැවිද්ද ලබන්නට තරම් භාග්‍යයක් ලැබුණා. එවන් වූ අසිරිමත් වාසනාවක් උදාවූයේ සංසාරික වශයෙන් පුරුදු කරන ලද දෙයක් නිසා බව මා දන්නවා.

සූත්‍ර පොත් කියවන්නට ලැබීම.....

සම්ප්‍රදායික අධ්‍යාපනයට යොමුව ජයවර්ධනපුර විශ්ව විද්‍යාලයේ ශාස්ත්‍ර හදාරමින් සිටියදීම සූත්‍ර පොත් කියවන්නට අවස්ථාවක් මට ලැබී තිබුණා. එම අවස්ථාව ලැබුණේ මා නැවතී සිටි පන්සලේ එම පොත් බොහොමයක් තිබුණු නිසයි. ඒ ලද අවස්ථාව නිසා මේ

සූත්‍ර පිටකය බොහොම කැමැත්තෙන්, ආසාවෙන් මා කියවන්නට පටන් ගත්තා.

ධර්මය නොලැබීම නිසා උපාධිය අත්හැර අරණ්‍යගත වීම......

එලෙස සූත්‍ර පොත් කියවමින් යද්දී, එහි තිබෙන ධර්මය මට ඉගෙන ගන්නට නොලැබී ඇති බව තේරුණා. සත්‍ය වූ ධර්මය ඉගෙන ගන්නට නොලැබී යාම නිසා ඇති වූ කලකිරීමෙන්, සියල්ලන්ගේම අසතුට මැද තනි තීරණයක් ගත්තා. අවසන් වසරේ හදාරමින් සිටි උපාධිය අත්හැර මා අරණ්‍යගත වුණා.

විමසුම් තහනම්....

ධර්මය හැදෑරීම ආරම්භ කළේ එතැන් සිටයි. නමුත් එය කෙසේ කරන්නේද යන වග මා හරියටම දැනගෙන හිටියේ නැහැ. හැම තැනකම ඉගැන්වූයේ, ගුරුවරයා යමක් කියයිද, ශිෂ්‍යයා විසින් එය කළ යුතුය යන පදනමේ ඉඳගෙනයි. ප්‍රශ්න ඇසීමත්, විමසීමත් තහනම්...! (ආචිණ්ණකප්ප) මට ඒ ආකාරයේ අත්දැකීම් දිගින් දිගටම ලැබෙන්න ගත්තා. මෙම ක්‍රමය දෙවන ධර්ම සංගායනාවේදී ප්‍රතික්ෂේප වූවක්.

මැරුණහම අපායෙ යන කෙනෙක්....

එක අරණ්‍යයකට ගියාම මට කිව්වේ "එහෙම බාර ගන්න බෑ, ඉස්සරවෙලා කේන්දර කොපිය ගේන්න ඕන..." කියලයි. කතෝලික පවුලක ඉපදුණු මට කොහෙන්ද කේන්දර...? නමුත්, උපන් රෝහලට ගිහින්, බොහොම අමාරුවෙන් ඉපදුණ වෙලාව හොයාගෙන, කේන්දරේ හදවල ගිහින් දෙන්නට මට පුළුවන් වුණා. ඒ කේන්දරේ

බලපු කෙනා, අරණ්‍යයේ ස්වාමීන් වහන්සේට කියල තියෙනවා... "මෙයාට නම් නිවන් දකින්න බෑ, මැරුණු ගමන්ම අපායෙ යන කෙනෙක්...." එවෙලේ ඉඳල ඒ ස්වාමීන් වහන්සේ මට උපදෙස් දෙන්නෙ නෑ. ඔන්න.... නිවන් දකින්න පාරක් හොයන් ගිය මට වුණ දේ....

බුදුරජාණන් වහන්සේගේ ධර්මයට ඉහළින් වැජඹුණ කේන්දරය....

ඉතින් ඒ කේන්දරේම අරගෙන වෙන අරණ්‍යයකට ගියා. (එහෙම නම් නිවන් දකින්න යා යුත්තේ කේන්දරත් අරගෙනද...?) ඉතින් දැන් එතන ස්වාමීන් වහන්සේට කේන්දර කොපිය පෙන්නන්නට මා බයයි, අතේ ගුලිකරගෙන හංගගෙනයි ඉන්නෙ. ඇයි ඒක දැකපු ගමන් මට උපදෙස් නොදී ගියොත් එහෙම...! ඉතින් කතා කරමින් ඉන්න ගමන් ඒ ස්වාමීන් වහන්සේ කිව්වා, "....මම නම් නවත්වා ගන්නෙ මේ කේන්දරේ ගුරු ශනි දෙක නවයෙ හිටියොත් විතරයි..." කියලා. ඔන්න එතකොට මගේ බය නැතිව ගියා. මොකද මගේ කේන්දරේ නවයෙ ගුරු ශනි හිටියා. ඒ නිසා මාව භාරගත්තා. බලන්න, ධර්මය කතා කළත්, ප්‍රමුඛ වුණේ බුදුරජාණන් වහන්සේගේ ධර්මය නොවෙයි.

රහත් වෙනවා.....

ඉතින් මා භාරගත් අරණ්‍යයේ ස්වාමීන් වහන්සේ විසින් මගේ කේන්දරේ බලවල තිබුණා. එදා මට හොඳට සැලකිලි....! මොකද ඒ බලපු කෙනා "මෙයා නම් ස්ථිරව ම මේ ජීවිතයේදී රහත් ඵලයට පැමිණෙනවා..." කියල අනාවැකියක් ප්‍රකාශ කරල තිබුණලු. බලන්න, එකම කේන්දර කොපියකට පරස්පර අනාවැකි දෙකක් කියවුන

හැටි...! පුදුම විය යුතු කරුණ නම් එය නොවෙයි.... දෙතැනකදි කේන්ද්‍රයක් මුල්කර ගනිමින් බුදුරජාණන් වහන්සේගේ ධර්මයට දෙආකාර සැලකිල්ලක් ලැබුණු විදිහයි. කේන්ද්‍රය මුල්කර ගත් මෙවැනි තැන්වල බුදුරජාණන් වහන්සේ වදාළ ධර්මය කිසිසේත් තිබිය නොහැකි බව මට වැටහුණා.

ත්‍රිහේතුක ප්‍රතිසන්ධියක් ඕනෙලු... පාරමිතා පුරාගෙන එමු.....!

තවත් තැන්වලින් මට ලැබුණෙ,...... "මේ පණ්ඩිතකම් කරන්න හදන්න එපා. ත්‍රිහේතුක ප්‍රතිසන්ධියක් ඕන ඕව කරන්න නම්. ඔහේට මොකක්ද තියෙන්නේ...?" යන ආකාරයේ උත්තරයි. සමහර තැන්වලට ගියාම කිව්වේ... "ඕවා ඔහොම කරන්න බෑ. පාරමිතා පුරාගෙන යන්න..." කියලයි.

අතරමං.....

ඉතින් ඒ වගේ මත රාශියක් අතරේ මා වල්මත් වුණා. බුදුරජාණන් වහන්සේගේ ධර්මය සොයාගෙන ගිය මට ඕන වුණේ දුකෙන් නිදහස් වීමක්. නමුත් ඒ වෙනුවට ලැබුණේ මානසික පසුබෑස්මක්. මේ අතරමංවීම තුළ, ධර්මය සෙවීම අත්හළ යුතුයි යන අදහස මතුවෙනවා මයි. නමුත් මට ඇතිවුණේ කෙසේ හෝ ධර්මය සෙවිය යුතුමයි කියන ස්ථිරසාර අධිෂ්ඨානයක්.

ධර්මය නොලැබීම නිසා ඉන්දියාවට....

ඉන්දියාවට ගිහින් ඍෂිවරුන් හමුවී ඒ අය ගෙන්වත් විමුක්ති මාර්ගය අසා දැනගත යුතුයි කියා මා තීරණය කළා. ඒ තීරණය මත ඉන්දියාව බලා පිටත් වුණා. එහිදී හින්දි

භාෂාව ඉගෙන ගෙන, ධර්මය සොයමින් ඇවිද්දා. හැබැයි මෙහෙම ඇවිදිද්දිත් සූත්‍ර ධර්ම කියවීම නම් අත්හැරියේ නැහැ.

දහම්සොඬ රජතුමාගේ මානසිකත්වය....

ධර්මය සෙවීම පිළිබඳ මගේ තිබුණ පිපාසය දිහා බලද්දි මට හිතෙනවා, දහම්සොඬ රජතුමාගෙ කථාව කොයි තරම් ඇත්ත එකක් දැයි කියා...! දහම්සොඬ රජ්ජුරුවෝ සියලු දේ අත්හරිමින් වනගත වුණේ, ධර්මය ලැබෙන තෙක් වෙනත් කිසිම දෙයක් එපා කියලයි. ඔය මානසිකත්වයෙන්මයි මමත් හිටියේ. යම්කිසි කෙනෙක් මට කිව්වා නම්... "ඤාණානන්ද, ඔබට නිවන ඕන නම් පනින්න මේ වළට..." කියලා දෙපාරක් හිතන්නෙ නැතුව මා ඒ වළට පනිනවා.

ආයෙම ලංකාවට එන්නෙ නෑ....

මේ ගැටළුවලට මුහුණ දෙමින් මා තීරණය කළා, නැවත ලංකාවට නොපැමිණ හිමාලයට ගොස් එහිම නතර විය යුතු බවට. අවසාන වශයෙන් මා ගත් තීරණය දැනුම් දෙන්නට ගම්පහ ප්‍රේමසිරි අපේ ලොකු හාමුදුරුවන් වහන්සේට කතා කළා. උන්වහන්සේ ප්‍රකාශ කළේ, "ඤාණානන්ද, දෙපාරක් හිතන්න. තීරණය තද වැඩියි...." (උන්වහන්සේ තමයි සූත්‍ර ධර්ම ඉගෙනීම පිණිස මට වඩාත් අනුබල දුන්නේ...) මා තද මතධාරී කෙනෙක් විදිහට හිටියා. මට ලංකාවට එන්න අදහසක් තිබුණේම නෑ. සම්පූර්ණයෙන්ම හිමාලයේ ගත කළ යුතුය යන තීරණයටයි මා එළඹුණේ. මේ කාල පරිච්ඡේදය වෙනකොට කිතුලම්පිටියේ විපුලරංසි කියල තවත් හාමුදුරු නමක්, ධර්මය සෙවීම පිණිස මා සමඟ එකතු වී සිටියා.

සාධුවරුන්ගේ නිරුවත....!

හිමාලෙ ඉන්දෙද්දි, හැම තිස්සේම බලාපොරොත්තුවෙන් හිටියේ කවුරු හරි කෙනෙක් ඇවිත් මට උපදේශයක් දෙයි කියලයි. මොකද ඒ වෙනකොට මා කියවපු පොත් වලින්, අවුරුදු දහස් ගණනක් ජීවත්ව සිටි අය ගැන, නොයෙක් ආකාරයේ බලයන් තියෙන ඍෂිවරු ගැන තමයි දැනගෙන හිටියේ. නමුත් ඒ සාධුවරුන්ගෙ ගොඩේම වැටිල ඉන්න කොට තමයි, මට ඒ අයගෙ නියම තත්වය තේරුම් ගන්නට පුළුවන් වුණේ. ඒ අය කතා කරන දේවල් අහද්දී කොයිතරම් නම් මෝඩ පිරිසක් ද කියල තේරුම් ගියා. ඒගොල්ලො විමුක්තියක් බලාපොරොත්තුවෙන් ඔහේ ඉන්නවා. පැහැදිලි ඉලක්කයක් නෑ. දන්නා ධර්මයකුත් නෑ.

සායි බාබා මිථ්‍යා දෘෂ්ටිකයෙක්.....

ඔය අතරෙ සායි බාබාගෙ ආශ්‍රමයටත් යන්නට අවස්ථාව ලැබුණා. මේ ලෝකේ මැවුම්කරුවෙකු සිටින බවත්, හැම කෙනෙකුගේම සිත් තුළ, ඒ මැවුම්කරු විසින් මවන ලද ආත්මයක් තිබෙන බවත්, ඒ ආත්මය පිරිසිදු කිරීම කළ හැකිවන්නේ භජන් කීමෙන් පමණක් බවත් සායි බාබා විසින් ප්‍රකාශ කරනු ලැබුවා. එය ඇසූ විගසින්ම මා තේරුම් ගත්තා, ඔහු මිථ්‍යා දෘෂ්ටිකයෙකු බවත්, ඔහු ගෙන් ගත යුතු කිසිවක් නැති බවත්. ඒ නිසා ඔහුව අත්හැර දැමුවා.

ඊටපස්සේ නොයෙක් ආකාරයේ සාධුවරුන් හමුවෙලා කතා කළත්, සාධාරණව බුද්ධිමත්ව කතා කරන ධර්මයක් මට මුණ ගැහුණෙ නෑ. ඒත් මට ලංකාවට එන්න නම් අදහසක් තිබුණෙ නැහැ.

ඇට සැකිල්ලක් වුණා....

මා ඒ දවස්වල එකම එක රොටියක් වළඳමින්, වතුර පමණයි ආහාරයට ගත්තේ. මට ජීවත් වෙන්න තිබුණු ආසාව ටික ටික අඩුවෙවී ගියා. මගේ ශරීරය ඇට සැකිල්ලක් බවට පත්වුණා. මා ඒ ආකාරයට ධර්මය සෙවූ කෙනෙක්.

මග පෙන්නුවේ කවුද...?

මා මේ කියන්නට යන්නේ, ධර්මය සොයා වෙහෙසීම, මේ මහ පොළොවට පමණක් නොව, නොපෙනෙන ලෝකයටත් දැනෙන දෙයක් බවට උදාහරණයක්. එක්තරා රාත්‍රියකදී සුදු ඇඳගත්තු කෙනෙක් මගේ ළඟට ඇවිත් ඇහුවා....

"බොහොම කණගාටුවෙන් නේද ඉන්නේ...?" "ඔව්"

"අසාමාන්‍ය විදිහට හිත විසිරෙන්න ගත්තා නේද?" "ඔව්"

"ඔබේ පාර වැරදියි. ඔබ මොකද මේ හිමාලෙට ඇවිල්ලා...? ඔබ ආපසු යන්න... ගමන් කරන්න ආර්ය අෂ්ටාංගික මාර්ගයේ...."

අන්න එදා තමයි මගේ ඇස් දෙක ඇරුණු දවස. මා මේ කථාව මෙතෙක් හෙළි නොකරන ලද්දක්. නමුත් අද මා එය හෙළි කළේ, එවැනි දේත් මේ ලොව තුළ සිදුවන බව මේ පින්වතුන් දැනගත යුතු නිසයි.

රජගහ නුවර පැවිදි වෙලා.....

සමහර විට අප මේ ධර්මය පුරුදු කොට තිබෙන්නේ මේ ජීවිතයේදී විතරක් නොවෙයි. ඊට කලිනුත් පුරුදු

කරල තියෙනවා. මා හොඳින්ම දන්නවා, මීට කලින් එක ආත්මයක රජගහ නුවර පැවිදිව සිටි කෙනෙකු බව. ඒ කාලේ ධර්මය පුරුදු කරන ලද පුරුද්ද තමයි මේ ජීවිතයටත් ලබුණේ.

හිමාලය අතහැර ලංකාවට එයි....

මගේ ඇස් පෑදීම නිසා, හිමාලය අත්හැර නැවත ලංකාවට පැමිණ ධර්මය හදාරන්නට පටන් ගත්තා.

ධර්මයට ගරහන සමාජයක්....

ධර්මය හදාරද්දි නැවතත් නොයෙක් මති මතාන්තර වලට සවන් දීමට මට සිදුවුණා. එයින්, මේ ධර්මයට කිසිම ගෞරවයක් නොදක්වන ආකාරය මනා ලෙස තහවුරු වුණා.

එක සූත්‍රයක් ඇති...?

සමහරු කියනවා එක සූත්‍රයක් බැලුවම ඇතිලු...! අනෙක් ඒවා ඕන නැතිලු....! මේ කතා අසද්දී මට හරිම සංවේගයක් ඇතිවුණා. මොකද, මහරහතන් වහන්සේලා අතරවත් නොතිබුණ ආකල්පයක් ඒක. උන්වහන්සේලා නිතරම හිටියේ, ඒ පරම පිවිතුරු බුද්ධ වචන සියල්ලම ආරක්ෂා කරගත යුතුය... යන මතයේ පිහිටමිනුයි. බැරි වෙලාවත් මිහිඳු මහරහතන් වහන්සේට මේ ආකල්පය ආවා නම් ඉවරයි.... අපට එහෙනම් මේ ධර්මය ලැබෙන්නෙ නෑ. අපට ලැබෙන්නේ එකම එක සූත්‍රයක් විතරයි.

භාවනා කරගෙන යන්න... ධර්මය මතුවෙයි...?

ඊළඟට සමහර තැන් වලින් කියන්න ගත්තේ... 'භාවනා කරගෙන යන්න, එතකොට ඉබේ ධර්මය

මතුවෙයි...' හරි පුදුමයි...! එහෙනම් බුදුරජාණන් වහන්සේ නමක් පහල වෙන්න ඕනෙ නැහැ නෙ....! බුදුරජාණන් වහන්සේගේ ධර්මය ඕන වෙන්නෙ නැද්ද ධර්ම අවබෝධයට...? උන්වහන්සේගේ ශ්‍රාවකත්වය වැඩක් නැද්ද? මේ එක එක්කෙනාගේ මති මතාන්තරවලට ආයෙ වතාවක් නම් මගේ හිත සැලුණෙ නැහැ. මේ ප්‍රශ්න මැද්දෙ මා කොහොම හරි බුදුරජාණන් වහන්සේගේ ධර්මයම හදාරනවාය කියන ස්ථිර අධිෂ්ඨානයකට පැමිණුනා.

පොටක් පැදුණා....

ඉතින් සූත්‍ර කියවමින් ධර්මය හදාරමින් යද්දි, දවසක් **සංයුත්ත නිකායෙ චූළ රාහුලෝවාද සූත්‍රය** හමුවුණා. එය කියවද්දි, භාග්‍යවත් බුදුරජාණන් වහන්සේ විසින් රාහුල හාමුදුරුවන්ට දේශනා කළ විදර්ශනා භාවනාව මගේ හිතට තදින්ම කා වැදුණා. ඒ වෙලාවේදී ම ඒක මගේ දිනපොතේ ලියාගෙන කටපාඩම් කරගත්තා. පාඩම් කරගෙන මා එය ප්‍රගුණ කරන්නට ගත්තා. එහි තිබෙනවා... "රාහුලය, ඇස අනිත්‍යයි, අනිත්‍ය නිසා එය දුකයි, එය දුක නිසා, එය මම නොවේ.... මගේ නොවේ.... මගේ ආත්මය නොවේ කියල නුවණින් බලන්න....." මේ විදිහට මා වචනයෙන් පුරුදු කරන්න පටන් ගත්තා. ඒ ආකාරයට පුරුදු කරද්දී මට මේ ගැන තේරුම් යන්නට පටන් ගත්තා. එහෙම නම් මෙය ධර්මය හැදෑරීමේ ක්‍රමයක් බව මා තේරුම් ගත්තා.

ධර්මය හැදෑරිය යුතු ආකාරය බුදුරජාණන් වහන්සේ විසින් පහදා දී තියෙනවා.

- සුතා - ඒ ධර්මයට හොඳින් සවන් දිය යුතුයි.
- ධතා - හොඳින් මතක තබාගත යුතුයි.

- **වචසා පරිචිතා** - වචනයෙන් පුරුදු කළ යුතුයි.

එහෙම නම් 'ඇස අනිත්‍යයි, අනිත්‍ය දේ දුකයි, ඇස මම නොවේ. මගේ නොවේ. මගේ ආත්මය නොවේ' යයි කියා වචනයෙන් පුරුදු කළ යුතු ක්‍රමයක් බව වැටහී යනවා.

- **මනසානුපෙක්ඛිතා** - ඒ වචනයෙන් පුරුදු කරන දෙය මනාකොට සිහි නුවණින් තේරුම් ගත යුතුයි.
- **දිට්ඨියාසුප්පටිවිද්ධා** - ඒ පිළිබඳ නිරවුල් අවබෝධයකට පැමිණිය යුතුයි.

මෙන්න මේ ලක්ෂණවලට අනුව මමත් ධර්මය ඉගෙන ගන්නට පටන් ගත්තා.

දුර්ලභ ධර්ම ඥානයක් ලැබීම...

ඊටපස්සෙ තමයි මට හැඟී ගියේ මේ කරුණු තෙරුවන් සරණ ගිය ශ්‍රාවකයින්ට ඉගැන්විය යුතු බව. ඇත්ත වශයෙන්ම මා ධර්මය ඉගෙන ගත්තේ, අනිත් අයට කියාදෙන්න හිතාගෙනවත්, භාවනා පංති පවත්වන්න හිතාගෙනවත් නොවෙයි. නමුත් ධර්මය පුරුදු කරගෙන යද්දි කොහොමින් හරි දුර්ලභ ධර්මඥානයක් මට ලැබුණු නිසා ඒ ධර්ම ඥානය අනෙක් අයටත් බෙදා දීමේ වැදගත්කම තේරුම් ගියා. ඒ නිසා පිරිසිදු පරම චේතනාවකින්ම මේ ධර්මය කියන්න පටන්ගත්තා.

එපමණකින් එය නවත්වන්නට හොඳ නැති බව මට වැටහී ගියා. මේ ධර්මය මේ ලෝකයේදීම ප්‍රායෝගිකව දකින්න පුළුවන් දෙයක්. එය මැරුණු ධර්මයක් නොවේ. මේ ධර්මය අකාලිකයි. කාලයකට වලංගු වෙන ඉතිරි කාලෙට අවලංගු වෙන දෙයක් නොවෙයි. බුදුරජාණන් වහන්සේගේ ධර්මය අදත් දකින්නට පුළුවන්. මේ අවබෝධය නිසා

ඉදිරි කාලයටත් ප්‍රයෝජනයක් ගත හැකි වන අයුරින් සුරක්ෂිත ලෙස, ශ්‍රී සද්ධර්මය සටහන් කොට තැබිය යුතු යැයි කල්පනා කළා. වැඩි දෙනෙකුට තේරුම් ගන්නට පහසු වන පරිද්දෙන් එය ඉතා සරල සිංහලෙන් සටහන් කරන්නට උත්සාහ ගත්තා. ඒ උත්සාහයේ ප්‍රතිඵල වශයෙන් තෙරුවන් සරණට පැමිණි පින්වතුන්ට පරිශීලනය කිරීම පිණිස සරල බසින් ලියවුණු බුදුරජාණන් වහන්සේගේ ශ්‍රී සද්ධර්මය ඇතුලත්, විශාල ප්‍රමාණයේ - කුඩා ප්‍රමාණයේ ග්‍රන්ථ බොහොමයක්ම ඉදිරිපත් කිරීමේ හැකියාව ලැබුණා. ඒවා නැවත නැවතත් කියවීමෙන් බුදුරජාණන් වහන්සේගේ ශ්‍රී සද්ධර්මය ප්‍රගුණ කිරීමේ හැකියාව ඔබටද ලැබෙනු ඇති.

සාදු! සාදු!! සාදු!!!

නමෝ තස්ස භගවතෝ අරහතෝ සම්මාසම්බුද්ධස්ස
ඒ භාග්‍යවත් අරහත් සම්මා සම්බුදුරජාණන් වහන්සේට නමස්කාර වේවා!

02.
ශ්‍රාවක පෙළගැස්ම

ශ්‍රද්ධාව නෑ.....

පැහැදිලිවම මේ රටේ තියෙන ප්‍රශ්නය නම් ජනතාව තුළ ශ්‍රද්ධාව නැතිකමයි. ශ්‍රද්ධාව නැතිකම හේතුවෙන් තමන්ගේ තිසරණය ගැන ඔවුන්ට අභිමානයක් නෑ. මෙයට හේතුව කුමක්දැයි මා බොහෝ සෙයින් කල්පනා කළා.

ගලේ කෙටූ ශ්‍රද්ධාව....

දැන් බලන්න... සමහර ආගමික පිරිස් විසින් දෙවියන් වහන්සේ ලෝකය මැවූ බව, හිරු සඳු තාරකා මැවූ බව, ඒ උත්පත්ති කතාවේ සිට, සුභාරංචිය - අවසානය දක්වාම එම ආගමික ග්‍රන්ථයන් පරම විශ්වාසයකින් යුතුවයි මිනිසුන්ට උගන්වන්නේ. බටහිර ලෝකයේ විද්‍යාව දියුණු වී තිබියදී ඇත්ත තත්වය දැනගෙනත්, දෙවියන් වහන්සේ විසින් ලෝකය මැවූ බව තවමත් කෝටි සංඛ්‍යාත ජනතාවක් පිළිගන්නවා. අල්ලා විසින් මේ ලෝකය මැවූ බවට දැඩි

මතයක එල්බගෙන මුස්ලිම් ජනතාව කෝටි ප්‍රකෝටි සංඛ්‍යාවක් ඉන්නවා.

වැරදුණු බෞද්ධයින්....

අසත්‍යයි බවට තහවුරු වුණු, අසත්‍ය බවට පත් වූ එකම වචනයක් වත් දේශනා නොකළ බුදුරජාණන් වහන්සේව පිළිගන්නා බෞද්ධ ජනතාව පමණක්, තමන්ගේ ධර්මයට ගරහමින්, බුද්ධ චරිතයත් විවේචනය කරමින්, තමන්ගේ ධර්මයට නින්දා කරමින් යනවා. ඉතින් හරි යයිද මේ අයට...? හරියන්න විදිහක් නෑ. වරදිනවා මිසක්...! ඉදිරියටත් වරදිනවා මිසක් හරියන්න විදිහක් නෑ....!

බෙලහීනයො....

මා කතෝලික පවුලක ඉපදුණු කෙනෙක්. කතෝලිකයන්ගේ තියෙන ඒ භක්තියයි, තෙරුවන් සරණ ගිය ශ්‍රාවකයෙකුගේ තියෙන ඒ බෙලහීන මානසිකත්වයයි මට හොඳින් පෙනුණා. පින්වතුනි, හොඳට හොයල බලන්න. කවදාවත් කතෝලික පිරිස් ක්‍රිස්තියානි ධර්ම පත්‍රිකා බෙදන්න මුස්ලිම් ගමකට යනව දැක්කද? මුස්ලිම් කෙනෙකුට මේ පත්‍රිකාවක් දෙනව දැකල තියෙනවද? එහෙම දෙයක් කවදාවත් වෙන්නෙ නෑ. බෞද්ධ ගම්වලට ඒ අය එන්නේ ඇයි...? බෞද්ධයින්ට ඒ පත්‍රිකාව දෙන්නේ ඇයි...? අපේ අයත් බයාදු ලෙස විරිත්තමින් ඒවා ගන්නේ ඇයි? එහෙම වෙන්නේ බෞද්ධයා මානසික බෙලහීනත්වයෙන් සිටින නිසයි. ඒ බව අන්‍ය ආගමිකයන් දන්නා නිසයි, බෞද්ධයින්ටම පත්‍රිකා දික්කරගෙන එන්නේ. බෞද්ධයා හැම තිස්සේම කිසි දේකට සමාන කළ නොහැකි, මිල කළ නොහැකි තමන්ගේ ආගම ගැන විශ්වාසයක්, ස්ථිර බවක් නැතිව ඕන බොරුවක එල්ලිල තමන්ගේ දියුණුව

හොයාගන්න හදනවා. මෙන්න මේ ලැජ්ජා නැති මානසික බෙලහීනකම බෞද්ධයාගෙන් අයින් විය යුතුයි. එදාට මේ බෞද්ධයා සුරක්ෂිත වෙනවා.

සිංහල ජාතියෙ ඉපදීම - ධර්මය ලැබීම

පින්වතුනි, මා මේ මනුෂ්‍ය ජීවිතයෙන් අප්‍රමාණ සතුටට පත්වෙන කරුණු දෙකක් තියෙනවා. එකක් සිංහල ජාතියේ ඉපදීම, අනෙක බුදුරජාණන් වහන්සේගේ ශ්‍රී සද්ධර්මය ලැබීම. සිංහල ජාතියෙ ඉපදුණේ නැත්නම් මේ අවස්ථාව මට නෑ.

සිංහල ජාතිය රැකගනු ලැබුවේ පොතක්....

බෞද්ධයින්ව සුරක්ෂිත කරන්න පුළුවන්කම තිබෙන සිංහලයාට අදාළ වූ විශේෂ පොතක් තියෙනවා. මේ සද්ධර්මය සිංහල ජාතිය විසින් මෙතෙක් දුර අරගෙන ආවේ කොහොමද? සිංහල ජාතිය රැකුණු නිසයි ධර්මයත් රැකුණේ. මේ ජාතියට ජීවය දුන් පොතක් තිබෙනවා. ඒ පොතෙන් තමයි සිංහල ජාතිය විනාශ වෙන්න නොදී ඉස්සරහට අරගෙන ආවේ. දැන් කතෝලික ජනතාව ඉදිරියට රැගෙන ආවේ බයිබලයයි. බයිබලයත් එක්කයි ඒ මිනිසුන්ගෙ පැවැත්ම යන්නේ. බයිබලය බැහැර කළ දවසට කතෝලිකයෙක් නැහැ. මුස්ලිම් ජනතාව යන්නේ කුරානය එක්කයි. කුරානය බැහැර කළ දවසට මුස්ලිම් ජනතාව අවසන්. ඒ වගේ සිංහල ජාතිය රැකගන්නා පොත මහාවංශයයි.

ඒ මහාවංශයට ගරහන, ඒ මහාවංශයේ ගෞරවය නොදන්නා ඒ මහාවංශය කියවල නැති ඒ මහාවංශයෙ තියෙන බෞද්ධයාගේ ශක්තිය හඳුනා නොගත් පිරිසකුයි

අද බිහිවෙලා ඉන්නෙ. ඉතින් සිංහලකම බෞද්ධකම නැති වෙන එක පුදුමයක් නොවෙයි.

රජවරු ඉගෙන ගත්තා....

ඒ කාලෙ අපේ සිංහල රජවරු සාමාන්‍ය වයසට එන විට මහාවංශය ඉගෙන ගෙන ඉවරයි. රජෙකු බවට පත්වීමට නම් මහාවංශය පිළිබඳව දැනුම සුදුසුකමක් වුණා. භික්ෂූන් වහන්සේලා විසිනුයි රජවරුන්ට මහාවංශය උගන්වන ලද්දේ. අද අපේ රටේ නායකයින්ට මහාවංශය පිළිබඳව හරි දැනීමක් තියෙනවද...?

දේශපාලනඥයින්ට මහාවංශ ටියුෂන්.....

මේ කාරණය මට කියන්නට හිතුණේ, සිංහල ජාතියට අත්වෙන ඉරණම ගැන, බුදු දහමට, බෞද්ධයින් හට වෙන්නට යන ඉරණම ගැන දැඩි සංවේගයකින් සිටින ඒ වගේම ඒ ගැන හඬක් නගමින් යමක් කරන්නට උත්සාහ ගන්නා නායක හිමිවරුන් කීප නමක්ම අප රටෙහි වැඩසිටින නිසයි. මේ නායක ස්වාමීන් වහන්සේලාගෙන් විශේෂ ඉල්ලීමක් කරන්නට කැමතියි. ඔබවහන්සේලා, අනාගතේට එන්න බලාපොරොත්තු වන දේශපාලනඥයින්ට පංති දාල හරි මහාවංශය උගන්වන්න මූලික වෙන්න. එතකොට ඒ අයට අවබෝධ වෙයි, මේ රටේ තිබුණෙ මොකක්ද? අප අයිති කාටද? කියන වග.

මහාවංශයෙන් උගන්වන්නේ අප අයිති බුදුරජාණන් වහන්සේගේ පරම්පරාවට බවයි. මහාවංශය ඉගෙන නොගත් කෙනා එය දන්නෙ නෑ.

මහාවංශයේ ඇතුලත්ව තිබෙන හොඳ සිදුවීමක් මා පෙන්වන්නම්. ධර්මාශෝක රජ්ජුරුවෝ දේවානම්පියතිස්ස

රජ්ජුරුවන්ට පණිවිඩයක් එවනවා මෙහෙම. **(අහං බුද්ධං ච ධම්මං ච සංඝං ච සරණං ගතෝ....)** මම බුදුරජාණන් වහන්සේත්, ධර්මයත්, සංඝරත්නයත් සරණ ගියා. **(උපාසකත්තං දේසේසි සක්‍ය පුත්තස්ස සාසනේ....)** ශාක්‍ය පුත්‍ර වූ මුනිරජාණන් වහන්සේගේ ශාසනය තුළ මම උපාසක බවට පත්වුණෙමි. **(ත්වංපිමානි රතනානි උත්තමානි නරුත්තමේ...)** නරෝත්තමයන් වහන්සේගේ බුද්ධ, ධම්ම, සංඝ කියන උතුම් ත්‍රිරත්නයේ **(චිත්තං පසාදයිත්වාන....)** සිත පහදවාගෙන **(සද්ධාය සරණංවජ....)** ශ්‍රද්ධාවෙන් සරණ යන්න. මේ පණිවිඩයත් රැගෙනයි මිහිඳු මහරහතන් වහන්සේ ලංකාවට වැඩම කළේ. ලංකාවාසීන් තිසරණයෙහි පිහිටෙව්වට පස්සෙ මිහිඳු මහරහතන් වහන්සේ නැවතත් පණිවිඩයක් යවනු ලැබුවා අරිට්ඨ ඇමති අතේ ධර්මාශෝක රජතුමා වෙතට ශ්‍රී මහා බෝධි අංකුරයකුයි, සංඝමිත්තා මෙහෙණින් වහන්සේයි ලංකාවට වඩම්මන්න කියල. ධර්මාශෝක රජතුමා සංඝමිත්තා මෙහෙණින් වහන්සේට පණිවිඩය ලබාදුන්නා. 'පින්වත් මෙහෙණියනි, මෙන්න පණිවිඩයක් ඇවිත්. මොකද කරන්නේ...?'

'මගේ සහෝදරයන් වහන්සේගේ පණිවිඩයක්. ලංකාවෙන් පිරිසක් පැවිදි වෙන්න අපේක්ෂාවෙන් ඉන්නවා. ඒ නිසා මා යා යුතුයි.'

ඊටපස්සෙ ධර්මාශෝක රජතුමා කෙලින්ම ගියේ මොග්ගලීපුත්තතිස්ස මහරහතන් වහන්සේ ළඟටයි. ගිහින් වැඳ නමස්කාර කරල කියනවා.... 'ස්වාමීනි, ලංකාවෙන් පණිවිඩයක් එවල තියෙනවා මහා බෝධි ශාඛාවක් වඩම්මන්න කියලා. මොකද කරන්නෙ....?' 'එහෙම නම් මහාබෝධි ශාඛාවක් ලංකාවට වඩම්මන්න...'

දැන් බලන්න රටේ පාලකයා වශයෙන් හිටිය මහා බලවතෙක් වූ ධර්මාශෝක රජතුමා තීරණ ගත්තු හැටි. මොග්ගලීපුත්තතිස්ස මහරහතන් වහන්සේගේ උපදෙස් අනුවයි තීරණ ගැනුණේ. එහෙම නම් ඒ රට සෞභාග්‍යමත් වෙන එක පුදුමයක් නෙවි. ඒක තමයි ඉන්දියාවෙ ඇති කළ බෞද්ධ ප්‍රබෝධය. මිහිඳු මහරහතන් වහන්සේ මේවා අත්දකිමින් මේ හැම දෙයක් ගැනම හොඳ අවබෝධයකිනුයි සිටියේ.

දූරදර්ශී දේශපාලකයින්....

පාළියෙන් තිබූ ධර්ම විනය ලංකාවෙදි සිංහලෙන් අටුවා ලෙස සකස් කරනු ලැබුවා. ඊට අමතරව 'සීහලට්ඨ' කියල මේ ලංකාවෙ ජාතිය තුළ බුද්ධාගම ඉස්මතු වූ ආකාරය උගන්වනු ලැබුවා. බුදුරජාණන් වහන්සේ ලංකාවට වැඩම කොට වදාළ හැටි එහි ඇතුළත් වෙනවා. ඒ වගේම ලංකාවෙ රජවරු බුද්ධ ශාසනය රැකගන්නට ජීවිත කැප කරපු හැටි එහි තිබෙනවා. කුඩා කළ සිටම දේශපාලනය සඳහා මේ කරුණු උගන්වන විට, ඒ දේශපාලනය අනිවාර්යයෙන්ම දූරදර්ශී එකක් වෙනවා. මොනම හේතුවක් නිසාවත් ළඟ බලමින් පාවාදීම් කරන්නේ නැතිවෙනවා. මොකද හේතුව? ඒ ජාතිය සකස් කරන්නට ග්‍රන්ථයක් තිබෙන නිසයි.

මේ රට නැවතත් නගා සිටුවන්නට පුළුවන්....

අද මේ බෞද්ධ සමාජය සකස්කරන්නට ග්‍රන්ථයක් නෑ. ග්‍රන්ථයක් තිබුණත් ඒ ගැන දන්නෙ නෑ. මහාවංශය කිය වූ සිංහලයින් සිටී නම් ඒ ඉතාමත් සුළු පිරිසක් විය යුතුයි. ඒ තරමටම මහාවංශය ගැන තිබෙන දැනුම අඩුයි. මේ රට ආයෙමත් බෞද්ධ දීපයක් කරන්න පුළුවන්. ඒ

පිළිබඳ විශ්වාසය කිසිසේත්ම නැතිකර නොගත යුතුයි. ජාතිය විනාශ වෙමින් පවතිනවා යන මතයට පැමිණි ගමන් අප මානසිකව දුර්වල වෙනවා. මානසිකව දුර්වල වුණොත් සිංහල බෞද්ධ සමාජය නගා සිටුවන්නට තියෙන අවස්ථාව අඩුවෙනවා. ඒ නිසා, මහාවංශය ඇසුරු කොට ගනිමින් ඒ අනුව කටයුතු කිරීමෙන් අපේ සුරක්ෂිතභාවය ඇති කරගන්නට පුළුවන් බව තේරුම් ගත යුතුයි.

දරුවන්ට කෙසේ මග පෙන්වමුද...?

වැදගත්ම දේ වෙන්නේ කුඩා දරුවන්ගේ සිත නියමාකාරයෙන් සැකසීමයි. වැඩිහිටියන් සීලය ගැන කතා කරනවා තමයි...! නමුත් ඔවුන් කිසිවෙක් කතා කරන්නෙ නෑ තෙරුවන ගැන....! අප සරණ ගිය බුදුරජාණන් වහන්සේව නිරන්තරයෙන් සිහිකළ යුතුයි. ඒ ශ්‍රී සද්ධර්මය නිතර සිහිකළ යුතුයි. ඒ මාර්ගඵලලාභී මහරහතන් වහන්සේලාගෙන් යුතු සංඝරත්නය අප නිතර සිහි කළ යුතුයි. වැඩිහිටියන් ඉස්සර වෙලාම මේ තැනට එන්නට ඕන. නැතිව කුඩා දරුවන්ව හරිගස්වන්න බැහැ. වැඩිහිටියන් නිවැරදි වුණොත් කුඩා දරුවන් නියම මාර්ග යට ගැනීම ඉතා ම ලේසියි. එහෙම නම් කුඩා දරුවාගේ සිට වැඩිහිටියා දක්වා බුද්ධ, ධම්ම, සංඝ කියන තෙරුවන ගැන, ප්‍රමුඛව නිරන්තරයෙන් කතා බස් කළ යුතුයි. එහෙම වුණොත් ස්ථිර වශයෙන්ම අපට ආරක්ෂා වෙන්න පුළුවන්.

තෙරුවනේ පිළිසරණයි ඇත්තේ....

අපට තියෙන්නේ බුදුරජාණන් වහන්සේගේ පිළිසරණ. ඒ ශ්‍රී සද්ධර්මයේ පිළිසරණ හා සංඝරත්නයේ පිළිසරණ පමණමයි. ඒ තෙරුවන කෙරේ නියම ශ්‍රද්ධාවක් නැති කෙනාගේ බෞද්ධකම ගැන සැක උපදවිය යුතුයි.

එවැනි කෙනෙකුගෙන් ඕනම අවස්ථාවකදී බෞද්ධ ආගමට විරුද්ධ යමක් වෙන්නට පුළුවන්. මේ ධර්ම මාර්ගයේ මුල තමයි ශ්‍රද්ධාව කියල කියන්නේ.

මිනිසුන් අතරමං වුණේ නියම ධර්මය නොලැබුණු නිසයි....

බුදුරජාණන් වහන්සේගේ ධර්මය ගැන අප්‍රමාණ ශ්‍රද්ධාවක් මට මුල ඉඳන්ම තිබුණා. මෙපමණ දුරක් එන්නට පුළුවන්කම ලැබුණෙ ඒ නිසයි. බුදුරජාණන් වහන්සේගේ ධර්මය ගැන කවුරු මොන දේ ප්‍රකාශ කළත්, එය සූත්‍රවලට ගලපා බලමින් එකඟ නම් විතරයි මා පිළිගන්නේ. ඒ අනුව මා කල්පනා කළා, බුදුරජාණන් වහන්සේ පිළිබඳ පැහැදිලි අවබෝධයක් ඇතිවෙන සද්ධර්මය මනුෂ්‍යයින්ට ලබා දිය යුතු බව. ඒ ධර්මය නැතිකම නිසා, ඒ ධර්මය කතා නොකරන නිසා, විශාල පිරිසක් ධර්ම මාර්ගය වෙත පා තබමින් අතරමං වෙනවා. තවත් පිරිසක් ඒ මාර්ගයෙන් සම්පූර්ණයෙන්ම ඈත් වී ඉන්නවා.

හරි දේ ලැබුණා නම් මෙහෙම මුලා වෙයිද...?

පහුගිය දිනවල මහායාන නෝනා කෙනෙක් ලංකාවට ආවා. කොළඹ ලොකු හෝටලේකදී ඇය විසින් භාවනාවක් උගන්වනු ලැබුවා. මෙහෙමයි භාවනාව...

'කන් දෙකේ ඇඟිලි ගහගෙන ඉන්න, එතකොට හ්ම්.... ගාල ශබ්දයක් එයි. ඒක අහගෙන ඉන්න...' චූටි ළමයි නළවනවා වගේ, රූකඩ නටවනවා වගේ.... අපේ තෙරුවන් සරණ ගිය පිරිස මේවාට රැවටුණේ ඇයි? ශ්‍රද්ධාව නොමැති නිසා බලපවත්වන සැකයෙනුයි එහෙම වුණේ. සැකය ඇතිවුණු ගමන් අර දේ හරිද? මේ දේ හරිද? කියල එක

එක මත ඔස්සේ දුවනවා. මෙන්න මේ අවාසනාවන්ත තත්වය නැතිවෙනවා බුදු දහම මනාකොට ඉගෙනීමෙන්.

ධර්මය නිවැරදිව ඉගෙන එය පිළිසරණ කොට ගත යුතුයි...

බුදුරජාණන් වහන්සේව දකින්නට තියෙන එකම ක්‍රමය නම් ධර්මය දැකීමයි. ඒ සඳහා ධර්මය නිවැරදි ලෙස ඉගෙනගෙන තිබිය යුතුයි. ඒ ධර්මය මනාකොට හදාරා නැති කෙනා හැමතිස්සේම ඉන්නේ බාහිර පුද්ගලයෙක්ව පිළිසරණ කරගෙනයි. බුදුරජාණන් වහන්සේ පෙන්වා තිබෙන්නේ, අප විසින් පිළිසරණ කරගත යුතු වන්නේ උන්වහන්සේගේ ධර්මය බවයි. ඒ ධර්මය තුළින් අපට හඳුනාගත හැකිවෙනවා බුදුරජාණන් වහන්සේ කියන්නේ කවුද? යන වග, ශ්‍රී සද්ධර්මය නම් කුමක්ද? යන්න හා මහා සංඝරත්නය කවුද? යන වග. ඔය කරුණු හඳුනාගත් පසු අපට තේරුම් යනවා සංසාරය සකස් වෙන්නේ අපේ සිතේ බව. දුක සකස් වෙන්නේ ජීවිතය තුළින් බවත්, සකස් වෙන දෙයක් හෙයින් එය අනිත්‍ය බවත්, අනිත්‍ය දෙයක් වූ දුකෙහි සකස්වීම හේතුවක් අනුව සිදුවන්නක් බවත්, ඒ හේතුව නැති කිරීමෙන් දුක නැති කිරීමට පුළුවන් බවත් තේරුම් ගන්නවා. එහෙම තේරුම් අරගෙන ප්‍රායෝගිකව ධර්මයෙහි හැසිරෙමින් පුරුදු කරගෙන යද්දී, දුක ඇතිවෙන්නෙ මේ මේ ආකාරයටයි කියා තේරුම් යද්දී මේ දුක නැතිකර දාන්නට පුළුවන් කියන අදහස එනවා. තමන් අදහන ධර්මය තමන්ට විශ්වාස නම් විතරයි ඒ මතය ඇතිවෙන්නේ. මානසිකව බලවත් වෙන්නේ නිසැක භාවයට පත්වෙමින් යන ගමනකුයි. බුදුරජාණන් වහන්සේගේ ධර්මයේ හැමවිටම ප්‍රකාශ කරනු ලබන

කාරණයක් තමයි '**ඒහිපස්සික...**' ඇවිත් නුවණින් විමසා බලන්න.

ශ්‍රී සද්ධර්මයෙන් කළ හැකි දේ.....

උන්වහන්සේ ධර්මය දේශනා කළේ කුමක් සඳහාද? '**සත්තානං විසුද්ධියා**' - සත්වයාගේ පිරිසිදු භාවය පිණිස, '**සෝක පරිද්දවානං සමතික්කමාය**' - සෝක කිරීම් වැළපීම් වලින් නිදහස් වෙන්නට, '**දුක්ඛ දෝමනස්සානං අත්ථංගමාය**' - කායික මානසික දුක් දොම්නස් වලින් එතෙර වෙන්නට, '**ඤායස්ස අධිගමාය**' මේ ජීවිතයේ ස්වභාවය අවබෝධ කරගන්නට, '**නිබ්බානස්ස සච්ඡිකිරියාය**' - නිවන ප්‍රත්‍යක්ෂ කරගැනීමට යන කරුණු සඳහායි.

පෙරුම් පුරන්නටවත් පරලොවදී දකින්නටවත් නොවෙයි, මේ ලෝකෙදීම දකින්නයි.....

උන්වහන්සේ කිසිම තැනක දේශනා කොට නැහැ ධර්මය තියෙන්නෙ පෙරුම් පුරන්නටය කියා. උන්වහන්සේ පැහැදිලිවම කතා කළේ ප්‍රත්‍යක්ෂ කළ යුතු ධර්මයක්. උන්වහන්සේ පැහැදිලිවම දේශනා කොට තිබෙන්නේ මේ ජීවිතයේදී දකින්න පුළුවන් ධර්මයක්. ඒක පරලොවකදී දකින්න තියෙන එකක් නොවෙයි. ඒ නිසා එය නොපෙනෙන ලෝකෙකට කල් දාන්න එපා. මේ සමාජයේ තහවුරු වෙලා තියෙන්නෙ..... 'අපි ඊළඟ ජීවිතයෙ කොහේ යයිද, මොනව වෙයිද දන්නෙ නෑ. ඒ නිසා පින් රැස් කරගන්න ඕන. ඒ පින් වලින් ආයෙම මිනිස් ලෝකෙට එන්න ඕන. තව තවත් පින් කරන්න ඕන. ආයිම මෙහේම ඉපදෙන්න ඕන....' බලන්න මේක අවසානයක් වෙන්නෙ නෑ.

අප පැහැදිලිව දන්නවා නම්, මේ මිනිස් ලොව වැඩ සිටි රහතන් වහන්සේලා විසින් බුදුරජාණන් වහන්සේ වදාළ ධර්මය පරිපූර්ණ ආකාරයෙන් දකින ලද බව, එහෙනම් ඒක අදත් ඒ විදිහටම දකින්නට පුළුවන් විය යුතුයි. අදත් ඒ ධර්මයමයි තියෙන්නේ. මෙය මැරුණු ධර්මයක් නොවෙයි, ජීවමාන එකක්.

වැරදි මත දුරලමින් අනතුරෙන් ගැලවෙමු

පින්වතුනි, මතක තියාගන්න, මේ මිනිස් ජීවිතය අපට කලාතුරකින් ලැබුණ දෙයක්. ඊළඟ ජීවිතයෙ කොහේ යයි දැයි නොදන්නා, අනතුරක් පවතින මේ සංසාර ගමනේ, කලාතුරකින් ලද මේ අවස්ථාවේදී පැහැදිලිවම අපේ මනස දියුණුව කරා ගෙනියන්න පුළුවන්කම තියෙද්දිත්, වැරදි මතවාද වලින් එය ආවරණය කර ගැනීම අප විසින් අපටම සිදුකර ගන්නා විශාල හානියක්. එහෙම හානියක් කර නොගෙන පැහැදිලිවම බුදුරජාණන් වහන්සේ පෙන්වා දෙන මාර්ගය තුළ ගමන් කරමු. පෘථග්ජන පිරිස හැටියට නොමැරී මාර්ගඵලලාභීන් හැටියට ජීවිතය අවසන් කරමු.

මේ ජීවිතයේ දී ම අරි අටඟි මඟට බහිමු...

මාර්ගය යනු ආර්ය අෂ්ටාංගික මාර්ගයයි. මේ ජීවිතයේදී ආර්ය අෂ්ටාංගික මාර්ගයේ යන්න බැරි නම් එයින් ප්‍රයෝජනයක් නැහැ. ඇයි, මේ ජීවිතයේදී ප්‍රයෝජනයට ගන්නට බැරි දෙයක් අපට වැඩක් නෑ නෙ...! සන්දිට්ඨික කියන්නේ මේ ජීවිතයේදී දකින කියන අදහසටයි. පාසැල් යන දරුවන් ගැන සිතමු. දැන් මේ ළමයි මහන්සි වෙලා ඉගෙන ගන්නේ මොනවටද? අම්මලා තාත්තලා වියදම් කරල ටියුෂන් යවන්නේ මොකටද? මේ ජීවිතයේදී හොඳ රස්සාවක් ගන්න පුළුවන් කියල පෙනෙන නිසයි. එහෙම පේන්නෙ නැත්නම්, නොපෙනෙන ලෝකෙකදී රස්සාවක්

ගන්න නම් මේ තරම් මහන්සි වෙලා උගන්වයිද? ධර්මයත් එහෙමයි. මේ ජීවිතයේදී මාර්ගඵල ලබන්න පුළුවන්. ඒ සඳහා වියදම් කරන්න ඕනෙත් නැහැ. උත්සාහයත්, වීර්යයත් නුවණත් විතරයි අවශ්‍ය වෙන්නෙ.

මේ ජීවිතයෙදී මාර්ග ඵල ලැබිය හැකියි...

මේ ජීවිතයෙදී මාර්ග ඵල ලැබිය නොහැකිය කියන සැකය දුරුකරන්නට මට බලවත් ඕනකමක් තිබුණා. මොකද මා දන්නවා, ධර්මය සොයාගෙන යද්දි මා වැටුණු වලවල් ගැන. ධර්මය සොයන කෙනෙකු මට ලැබුණු දුර්භාග්‍ය සම්පන්න අත්දැකීම්වලට ලක්වෙනවට අකමැතියි. අන්න ඒ නිසයි මේ ධර්මය පැහැදිලිව ලියා ප්‍රකාශයට පත් කළේ.

හිස් අතින් මැරෙන්නෙ නෑ....

සියලු දෙනාටම වැටහී යන ආකාරයට ධර්මය පිළිබඳව බොහොම සරලව සටහන් කළා. ඒවා කියවා බලන්න. එක් වරක් කියවා නවත්වන්නට එපා! යළි යළි කියවමින් තේරුම් ගන්නට උත්සාහ කරන්න. බුදුරජාණන් වහන්සේගේ ධර්මය, සූත්‍ර දේශනාවන්හි ඇති ආකාරයට අනුගමනය කළහොත්, හිස් අතින් නම් මැරෙන්නෙ නැහැ. පැහැදිලිවම බුදුරජාණන් වහන්සේගේ ශ්‍රාවකභාවයට පත්ව පැහැදිලිවම තථාගත ධර්මය හඳුනාගෙන අවසන් හුස්ම පොද හෙලන්නට පුළුවනි. ඒ භාග්‍යය අප සියලු දෙනාටම උදාවේවා...!

සියලු දෙනාට ම තිසරණ සරණයි.

සාදු! සාදු!! සාදු!!!

නමෝ තස්ස භගවතෝ අරහතෝ සම්මාසම්බුද්ධස්ස
ඒ භාග්‍යවත් අරහත් සම්මා සම්බුදුරජාණන් වහන්සේට නමස්කාර වේවා!

03.
සදහටම නිදහස් වෙමු

නිදහස් වෙන්න ළං වෙලා... සුගතිය අත ළඟයි...

වාසනාවන්ත පින්වතුනි, අප සියලු දෙනාම ටිකක් වාසනාවන්තයි කිව්වොත් වැරදියි. අප සියලු දෙනාම ගොඩක් වාසනාවන්තයි. එක පැත්තකින් අප කිට්ටු කරල තියෙනවා දුකෙන් නිදහස් වෙන්න. අනෙක් පැත්තෙන් සම්පූර්ණයෙන්ම කිට්ටු කරල තියෙනවා සුගතියට.

මේ දුර ආවෙ එක දෙයක් හමු නොවුණ නිසයි....

අපට මෙච්චර දුරක් එන්නට සිදුවුණේ එකම එක දෙයක් හමු නොවුණු නිසයි. මේ දුර ආවෙ එකම එක දෙයක් හිතට ගියේ නැති නිසයි. ඒ තමයි ශ්‍රී සද්ධර්මය.

මේ ඇවිල්ල තියෙන දුර කොපමණ වයසයිද කියල අප කවුරුවත් දන්නෙ නෑ. කල්ප ගණන් ගෙවාගෙනයි මේ ගමන ඇවිත් තියෙන්නේ.

ශ්‍රී සද්ධර්මය හමුවෙලා....

නමුත් අපට අද පුදුමාකාර වාසනාවක් උදාවෙලා. ඒ තමයි යළි යළි මේ භව ගමනක පැටලෙන්නෙ නැතිව ඒක අවසාන කරගන්න අවශ්‍ය අඩිතාලම මේ ජීවිතයේදීම දමාගන්නට පුළුවන් වෙන පරිසරයක් ඇති වී තිබීම. ඒ සඳහා අපට කළින් මුණ ගැසී නොතිබුණු ශ්‍රී සද්ධර්මය අද හමුවෙලා. ශ්‍රී සද්ධර්මය නිවැරදිව හමුවුණු දවසට අප සදාතනික වෙනවා. අඬන වැළපෙන ලෝකෙන් අපි නිදහස් වෙනවා. බුදුරජාණන් වහන්සේ දහම් දෙසා අවසානයේ ඒ ප්‍රථම ශ්‍රාවක හැට නම එක් කරල හරිම ලස්සන ප්‍රකාශයක් කළා.

'මහණෙනි, ඔබටත් මටත් බොහෝ දුර එන්නට සිදුවුණා. ඒ චතුරාර්ය සත්‍යය අවබෝධ කරගන්න බැරිවුණු නිසයි. දැන් ඔබත් මමත් චතුරාර්ය සත්‍යය අවබෝධ කරලයි තියෙන්නේ. දැන් අප නිදහස්. මේ නිදහසේ පණිවිඩය හැම තැනම කියන්න.'

අන්න ඒ නිසයි ඒ ශ්‍රාවකයන් වහන්සේලා නිවන් මග පිළිබඳ සුන්දර පණිවිඩය අරගෙන ප්‍රචාරය පිණිස ගියේ. නමුත් ශ්‍රී ලංකාව තුළ වසර දාහක් වගේ කාලයක් තිස්සේම, මේ විදිහට ධර්මය කතා කරල නෑ. මේ මෑත භාගයේදී තමයි, මෙපමණ සමීපව මෙපමණ විවෘතව මෙපමණ ජීවමාන ලෙස ධර්මය කතා කරන්නට භාග්‍යය උදාවුණේ.

ශ්‍රී සද්ධර්මය කියා දෙන්නම්.....

මා මගේ ජීවිතයේදී හමුවුණු කම්කටොළු ගැන මුලින් සඳහන් කළා. ධර්මය සොයාගෙන යද්දි මොනතරම් පැතිවල අතරමං වුණා දැයි කියා විස්තර කළා. නමුත් මේ වෙනකොට පින්වතුනි, ඒ තත්වය මේ ලංකාවෙ මනුෂ්‍යයින්ට නෑ. දැන් හඬ නඟා ඒ සද්ධර්මය කියන්න අප ඉන්නවා. ඒ සද්ධර්මයට අපව දුකෙන් නිදහස් කරන්නට පුළුවන් බව කියන්නට දැන් අපට අවස්ථාව තිබෙනවා. ඒ සද්ධර්මයට පුළුවන් අපට ස්ථාවර පිළිසරණක් හදාදෙන්නට. වෙන කිසිදේකට බැහැ ඒ විදිහේ පිළිසරණක් ලබාදෙන්න.

සිංහලේ ඉපදුණ වාසනාව....

මේ පින්වතුන් අහල තියෙනවද බටහිර රටක එකම එක රහතන් වහන්සේ නමක්වත් බිහිවුණා කියල....? නැහැ.... බටහිර කිසිම රටක සකදාගාමී, අනාගාමී, සෝතාපන්න අය බිහිවෙලත් නැහැ. (හැබැයි දැන් ටිකක් ඉඩ තියෙනවා) නමුත් අපේ සිංහල ලේ පරපුරේ, රහතන් වහන්සේලා කොපමණ නම් බිහිවෙන්න ඇද්ද? ගණන් කරන්න බැරිතරම් ප්‍රමාණයක් බිහිවුණා. ඒ කාලෙදි අපේ ගමේ ගොඩේ අම්මල කියල තියෙනවා වී පැදුරක් වේල ගන්න නෑ... කියල. මොකද ඒ තරම්ම රහතන් වහන්සේලා අහසින් වඩිනවා. ඔබ අප අයිති ඒ පරපුරට. අපේ වාසනාවකට අපි ඒ සිංහල පරපුරේ ඉපදුණා. අප තමයි ශ්‍රී මහා බෝධීන් වහන්සේ රැකගත්තේ. අප තමයි ශ්‍රී දළදා වහන්සේ රකින්නේ. ඒ විතරක් නෙවෙයි, ශ්‍රී සද්ධර්මය නැතිවෙන්න නොදී රැකගත්තෙත් අප විසින්මයි. දැන් මේ ලෝකයේ අනාගතයේ සුද්දොත් බණ කියයි. ඒ සඳහා

වුණත් ශ්‍රී සද්ධර්මය රැකදුන්නේ අප විසින්මයි. ඉතින් එහෙම අපට අවස්ථාවක් නැද්ද නිවන් දකින්න...? අපට තමයි පළමුවෙන්ම අවස්ථාව තියෙන්නෙ.

ශෝචනීය වචනයක්....

සමහර වෙලාවට හරිම ශෝචනීය වචනයක් මේ බෞද්ධ සමාජයේ අහන්න ලැබෙනවා. චුට්ටක් එහා මෙහා වෙනකොට කියනවා... 'අනේ ඉතින් අපි පෘථග්ජනයො නේ....' කියල. පෘථග්ජන දෝෂය පිටින් තියල තමන්ගේ දෝෂය ගලපගන්නවා. තමන්ගෙන් වෙන්නේ වැරදි දේ බව දැනගෙනම, මේ වචනෙ පිට දාලා ඒ සියලු වැරදි සාධාරණීකරණය කරගන්නවා.

පෘථග්ජන යන්නෙහි තේරුම දැනගනිමු....

පෘථග්ජන කියන එකේ තේරුම දන්නවද? ඕනෑම වෙලාවකදී තමන්ගේ අතින් මව් මැරෙන්න පුළුවනි. තමන්ගේ අතින් පියා මැරෙන්න පුළුවනි. රහතුන් මැරෙන්න පුළුවනි. බුදුරජාණන් වහන්සේ කෙනෙකුගේ ලේ සෙලවෙන්නත් පුළුවනි. සංඝ භේදය ඇතිකරන්නත් පුළුවනි. ඕනම වෙලාවක ආගම පවා දෙන්නත් පුළුවනි. මේකයි පෘථග්ජන කියන එකේ තේරුම. ඉතින් අප සාධාරණීකරණය කරන්න භාවිතා කරන වචනය කොච්චර භයානකද? අප එච්චර අවාසනාවන්තද?

අප තෙරුවන් සරණ ගිය ශ්‍රාවකයෝ....

අප එතරම් අවාසනාවන්ත වෙන්න බැහැ. මේ සද්ධර්මය සොයා ඇදෙන්නේ වාසනාවන්තම පිරිසක් වූ නිසයි. අපට දුකින් නිදහස් වෙන්න ඕන තරම් පුළුවන්. අප ඒ සඳහා තමයි තෙරුවන් සරණ යන්නේ. එහෙම කරන්නේ

පෘථග්ජන දෝෂයෙන් මිදෙන්නයි. එහෙනම් තවදුරටත් අප පෘථග්ජන අය නොවෙයි. අප කවුද...? අප තෙරුවන් සරණ ගිය ශ්‍රාවකයොයි. ඒ වග හොඳින් වටහා ගන්න. අප අයිති තෙරුවන ඇති බුද්ධ ශාසනයටයි. ඒ නිසා යම් කෙනෙක් පෘථග්ජන කියන වචනය පාවිච්චි කළොත් එයා අපට සවන් දෙන කෙනෙක් නම්, ඒ වචනයේ අර්ථය මෙයයි ඒ නිසා පාවිච්චි කළ නොහැකියි කියල වහාම තේරුම් කර දිය යුතුයි. අප තෙරුවන් සරණ ගිය ශ්‍රාවකයො බව දරුවන්ට පහදා දිය යුතුයි. දරුවන්ගේ දරුවන්ටත් පහදා දිය යුතුයි. ඥාති හිතෛෂීන්ටත් කියා දිය යුතුයි.

සංසාර ගමනෙ එන්න වුණ හේතුව අවබෝධ කරන්නට උත්සාහ කරමු....

අප ජීවත් වෙමින් මේ ගත කරන පිළිවෙල දුකක් බව තේරුම් ගන්න ඕන. මෙච්චර දුර දුක් විඳිමින් අප ආවෙ හේතුවක් නිසයි. ඒක අප දැනගත්තේ ශ්‍රී සද්ධර්මයෙන්. ඒ හේතුව අපේ හිතෙන් ඉවත් වෙච්ච දවසට අප සදහටම මේ ලෝකයෙන් නිදහස් වෙනවා. අන්න ඒ තත්වය අපි මේ ජීවිතයෙදී ඇති කරගනිමු. එහෙම වුණොත් උපරිම ආත්ම භාව හතයි අපට සංසාරෙ දුක තුළ ඉන්න වෙන්නෙ. ඇති නේද? ඇති. නරක තැනක යන්නෙත් නෑ. තිරිසන් ලෝකයේ, අපායේ, ප්‍රේත ලෝකයේ යන්නේ පෘථග්ජන අයයි. අපට පුළුවන් ඒ තත්වයෙන් මිදෙන්න. එහෙම ධර්මයක් අපට ලැබිල තියෙන්නෙ. ඒ සද්ධර්මයට පුළුවන් අපව නිදහස් කරන්නට. ඒක කොහොම හරි කැරකිලා යෙදෙනවා පින්වන්ත අයට.

අපට කලින් යුගයෙ අයට ලැබුණෙ නෑ....

අපට කලින් යුගයේ අයට ඒ අවස්ථාව ලැබුණේ

නැහැ. අපට කලින් හිටපු අයට අසන්නට ලැබුණේ මේවා නොවෙයි. 'විශාඛා... සුමනා... සුජාතා... බන්ධුල මල්ලිකා වැනි දේවීවරුන්ට සෙයින්ද, අනාථපිණ්ඩික, ආදී සිටුවරුන්ට සෙයින්ද, කලට මුල් අකලට නොනස්නා උපභෝග පරිභෝග සම්පත් ගවමහිස ස්වර්ණාභරණ ආදිය ලදින්....' ඒ ආකාරයටයි අපට ඇසුණේ. සංසාරෙ ගැනමයි වර්ණනා කළේ. නමුත් වාසනාවට දූන් අපට යන්තම් ඒකෙන් නිදහස් වෙන්න පුළුවන්.

ශ්‍රී සද්ධර්මයට අනුව තමා තුළින් බලමින් තේරුම් ගත යුතුයි....

අපට ජීවිතේ ඇත්ත අවබෝධ කරන්නට පුළුවන්. ඒ සඳහා බැලිය යුත්තේ වෙන කිසිවෙක් දෙස නොව තමන් දෙසයි. සාමාන්‍යයෙන් අපේ සිතුවිලි සකස් වී තිබෙන්නේ තමන්ගේ පැත්තට නොවෙයි. අනුන්ගේ පැත්තටයි. ඉතින් ඒ අනුන්ගේ පැත්තට හැරෙන සිතුවිලි තමන්ගේ පැත්තට හරවාගෙන බලන්න පුරුදු වුණොත් අපට ටික ටික තමන්ගේ ජීවිතේ ඇතුල් පැත්ත පේන්න ගන්නවා. තමන්ගේ ජීවිතේ ඇතුල් පැත්ත ටික ටික හඳුන ගන්න පුළුවන් වෙනවා. එවිට අපට මේ දුකෙන් නිදහස් වෙන්න පුළුවන්කම ලැබෙනවා. ඒ විතරක් මදි. ඒ ධර්මය හරියකාරව තේරුම් ගත් පසු එය ඊළඟ පරම්පරාවටත් ආරක්ෂා කොට, අවබෝධය ලබා දිය යුතුයි.

ශ්‍රී සද්ධර්මය හදාරමින් තමා තුළින් තේරුම් ගත යුතු දෙයක්, ඉබේම තමා තුළින් දකින්නට පුළුවන් නම් ඒ මිථ්‍යා දෘෂ්ටියක්....

කොච්චර මේ රට නොමග ගියාද කියනවා නම්,

දවස් කීපයකට කලින් එක පින්වතෙක් මට කතා කරල කියනවා....

"ඔබවහන්සේගේ පොත්වලින් කිසිම වැඩක් නෑ....."

"ඇයි ඒ...?"

"පාළිනේ තියෙන්නේ..."

"ඔව් ඒ පාළියෙන් ලියපු දේ තමයි මං සිංහලට හැරෙව්වේ...."

"...ඉතින් ඒ පාළියෙන් තිබුණු එක හරි කියල මං පිළිගන්නෙ නෑ...."

"ඒ කියන්නෙ ඔබ බුදුරජාණන් වහන්සේ වදාළ ධර්මය පිළිගන්නෙ නැද්ද...?"

"නෑ මං පිළිගන්නෙ නෑ"

"....එහෙනම් ඔබ ධර්මය කියල පිළිගන්නෙ මොකක්ද?"

"...ඒක තමා තුළින් එන්න ඕන..."

"අප තුළින් අපට බලන්න තියෙන්නෙ පෘථග්ජනකම විතර නේ. ඒකෙන් නිදහස් වෙන්නනේ ධර්මය අප පිළිගන්නෙ..."

එයා කොහොමවත්ම පිළිගන්නෙ නෑ. ඔන්න මේ රටේ ධර්මය කරකැවිච්ච හැටි. ශ්‍රී සද්ධර්මයට අනුව තමා තුළින් තේරුම් ගත යුතු දෙයක්, ධර්මය දැනගන්නෙ නැතිව ඉබේ තමා තුළින් එන්නෙ නෑ. එහෙම එන්නේ පෘථග්ජනභාවය තුළ මිථ්‍යා දෘෂ්ටීන්. තමා තුළින් තනිවම ධර්මය අවබෝධ වුණා නම් ඒ එකම එක්කෙනාටයි. බුදුරජාණන් වහන්සේට පමණයි. උන්වහන්සේගේ ශ්‍රී සද්ධර්මයට අනුවයි අප තමා තුළින් බලමින් තමාගේ

ජීවිතේ ඇතුල් පැත්ත අවබෝධ කළයුතු වන්නේ.

තව සමහරු කියනවා ධර්මය කියන්නෙ සංකේත ගොඩක්ලු. මේ මිථ්‍යා දෘෂ්ටීන්ගෙන් ඈත්වෙලා අපට සද්ධර්මය, සද්ධර්මය විදිහට කතා කරන්නට බොහෝම කලාතුරකින් ලැබුණු අවස්ථාවක් තමයි මේ.

දුකින් නිදහස් වෙන්න තියෙන මග

දුකින් නිදහස් වෙන්න තියෙන මග සතර සතිපට්ඨානයයි. සතිපට්ඨාන කියන්නෙ සිත පිහිටුවා ගැනීම. මෙය බොහොම ගෞරවයෙන් ඉගෙන ගෙන ඒ අනුව සිත පිහිටුවා ගත යුතුයි. එලෙස සිත පිහිටුවා ගත් පසු ප්‍රථමයෙන්ම සිදුවෙන්නේ, අපේ සිත බාහිර අරමුණු වලින් මුදවාගෙන සතර සතිපට්ඨානය තුළම ඒ සිත පිහිටුවා ගන්න පුළුවන් වීමයි. එහෙම කර ගත්තොත් එතන ඉඳල දියුණු වෙන්නේ සප්ත බොජ්ඣංගයි. අවබෝධයට වුවමනා අංග තමයි එතැන් සිට දියුණු වෙන්නේ.

සප්ත බොජ්ඣංග

අවබෝධයට වුවමනා අංග හතක් තියෙනවා.

1. සති
2. ධම්මවිචය
3. විරිය
4. පීති
5. පස්සද්ධි
6. සමාධි
7. උපේක්ඛා

අප විසින් අවබෝධයකින් යුතුව මේ ශ්‍රී සද්ධර්මය මනාකොට හදාරන්නට පටන් ගත්තොත්....

අපට ටිකෙන් ටික එය තේරෙන්නට පටන් ගන්නවා. (සති) එලෙස තේරුම් ගනිමින් සද්ධර්මයේ සිත පිහිටද්දී, සද්ධර්මය පිළිබඳ නුවණින් විමසීමේ හැකියාව වර්ධනය වෙනවා. (ධම්මවිචය) නුවණින් විමසීමේ හැකියාව වර්ධනය වෙද්දී උත්සාහය වර්ධනය වෙනවා. (විරිය) උත්සාහය වර්ධනය වෙද්දී ප්‍රීතිය ඇතිවෙනවා. (පීති) ප්‍රීතිය ඇතිවෙද්දී කායික මානසික සැහැල්ලුව ඇතිවෙනවා. (පස්සද්ධි) කායික මානසික සැහැල්ලුව ඇතිවෙද්දී සිත සමාහිත වෙනවා. (සමාධි) සමාහිත හිතක්, නුවණින් දියුණු කරන නිසා මධ්‍යස්ථ වෙනවා. (උපේක්ෂා) ඒ තත්වයට මේ හිත දියුණු කරන්න පුළුවන්. මේ හිත දියුණු කරගත්තොත්, තමාට විතරක් නොවෙයි, මුළු ලෝකයටම සෙතක්. මේ සිත පිරිහෙන්නෙ මොනවයින්ද? දෙතිස් කථා වලින්. අපට වැඩිපුරම අහන්න ලැබෙන්නෙ මේවා. මේ සිත රැකෙන්නේ මොනවයින්ද? සද්ධර්ම කථා වලින්. සද්ධර්මය මේ ජීවිතයට එකතු කරගැනීමේ දී මූලික වශයෙන් පැති කීපයක් වැදගත් වෙනවා.

සද්ධර්මයත් එක්ක මානසිකව එකතු විය යුතුයි....

අපට මේ සද්ධර්මය අවබෝධ කරන්න පුළුවන් කියන මතයට මුලින්ම අප එන්නට ඕන. මේ සද්ධර්මයට පුළුවන් අපව දුකින් නිදහස් කරන්න. අපටත් සද්ධර්මය අවබෝධ කරන්න පුළුවන් නම්, සද්ධර්මයටත් පුළුවන් නම් අපව දුකෙන් නිදහස් කරන්න මොකක්ද අප කළ යුතු වන්නේ? අප සද්ධර්මයත් එක්ක එකතු විය යුතුයි. සද්ධර්මයත් සමඟ මානසිකව එකතු වෙන්න ඕන. සද්ධර්මයත් එක්ක මානසිකව අප එකතු වුණොත් ඒ මොහොතේ සිටම ධර්මය තමන්ගේ දෙයක් වෙනවා. එය තමන් අත්දකින

එකක්. එය තමන් තේරුම් ගන්නා දෙයක්. එය තමන්ට වැටහෙන එකක්. ඒ තත්වයට එනකොට එයා ආරක්ෂිතයි. එබඳු කෙනෙක් මරණින් මත්තෙ නිරයේ, තිරිසන් ලෝකෙ, ප්‍රේත ලෝකෙ යන්නෙ නෑ. නරක තැනක යන්නෙ නෑ.

තේරෙන භාෂාවෙන් ලැබෙන නිසා මේ ජීවිතයේ දීම පුළුවන්....

බලන්න පින්වතුනි, අපට මේ අවස්ථාව මේ ජීවිතයේදී ඇති කරගන්න පුළුවන් නේද? ඒක අපට තේරෙන භාෂාවෙන් කියා දෙන්න කෙනෙක් නැතුවයි හිටියේ. ඒක තේරෙන භාෂාවෙන් කියන කොට අපට ටික ටික තේරෙන්නට පටන් ගන්නවා. ඒ තේරුම් ගැනීම පිණිස කැසට් පට තුනකින් මහා සතිපට්ඨාන සූත්‍රය බොහොම සරල භාෂාවෙන්, ඉදිරිපත් කිරීමට හැකියාව ලැබුණා. සමහර බෞද්ධ පිරිස් ජීවිතේ වයසට යන කොට ඒ අය තනිවෙලා, කල්පනාවක් නැතුව, කරන්නෙ කියන්නේ මොකද්ද දන්නෙ නැතිව, හිත දුර්වල වෙලා සිටිනා හැටි දැක මා බොහෝම සංවේගයට පත්වුණා... 'අනේ මේ ශ්‍රී සද්ධර්මය මේ ඇත්තන්ට ලැබිල නෑ නේද....' කියල. සද්ධර්මය ලැබුණා නම් එහෙම වෙන්නේ නැහැ. ඒ නිසා අපට පුළුවන් දැන් මේ කැසට් පටය ශ්‍රවණය කරමින් හොඳින් සිත පිහිටුවා ගන්නට.

නිවන් මගට උවමනා දේ නිතර පුරුදු කරමු.....

සද්ධර්මයේ හිත පිහිටෙව්වොත්, ඒ සද්ධර්මයට පුළුවන් මේ ජීවිතය මෝක්ෂය කරා ගෙන යන්න. සද්ධර්මයට පුළුවන් අපව රැකදෙන්න. මේ පින්වත් පිරිස

නිතරම පුරුදු පුහුණු කරන්න ඕන නිවන් මගට උවමනා කරන දේ. ඒ අතර පළවෙනි එක තමයි මේ සතිපට්ඨානය ඔස්සේ සක්කාය දිට්ඨියෙන් නිදහස් වෙන්න පුරුදු වීම.

'තමා' කියන වැරදි වැටහීම ඉවත් කරමු....

සක්කාය දිට්ඨිය කියන්නේ 'තමා' කියල මුල් බැසගෙන තියෙන හැඟීමටයි. වැරදි කරුණු රාශියක් පදනම් කරගෙන, තමා කියල හැඟීමක් අපේ හිතේ මුල් බැසගෙන තියෙනවා. අනවබෝධයෙන් යුතුව කරුණු පිළිගැනීම නිසයි එහෙම වැරදි හැඟීමක් ඇතිවෙන්නේ. ඒ හැඟීමෙන් නිදහස් වුණු දවසට අප විසින් දකින්නේ තමා නොවෙයි. අප විසින් දකින්නෙ හේතු-ඵල දෙකක්.

සෑම දෙයක්ම ඇතිවෙන්නෙ හේතුඵල දහමක් අනුව බව වැටහුණොත්, සෑම දේම අත්හරින්න පුළුවන්....

ජීවිතය ගැන අන්න ඒ හේතු ඵල දෙක තේරුම් ගන්න පුළුවන් වුණු දවසට අප දුක් විඳින එක අඩුවෙනවා. දුක් විඳින එක අඩුවෙලා අපට පුළුවන් වෙනවා ඕනම වෙලාවක ඕනම දෙයක් අත්හරින්නට. අපට තේරෙන්නෙ නැතිවුණත්, අප මේ දුක් විඳින්නේ අත්හැර ගන්න බැරි නිසයි. මොනවද ඒ....? තමා කියල අදහසක් තියෙනවා. අනුන් කියලා අදහසක් තියෙනවා, තමාගේ කියන අදහස අත්හැර ගන්න බැරි තරමට අපේ සිත් තුළ මුල්බැසගෙන තිබෙනවා. අපේ බුද්ධිය පළල් නම් ඕනම වෙලාවක අපට මේ වැරදි අදහස අත්හරින්න පුළුවන්.

මෙන්න... අත්හරින හැටි....

සුප්පාවාසා කියල උපාසිකාවක් හිටියා. ඒ තමා සීවලී හාමුදුරුවන්ගේ මව. ඒ සුප්පාවාසා උපාසිකාව සෝතාපන්නයි. එයා විවාහ වුණෙත් සෝතාපන්න කෙනෙකු සමගයි. මේ දෙන්නගෙ දරුවා විදිහට ආපු සීවලී කුමාරයා සුප්පාවාසා උපාසිකාවගෙ කුසේ අවුරුදු හතයි මාස හතයි දින හතක් සිටියා. මවුකුසක දරුවෙක් මෙපමණ කලක් සිටි බවට මේ ලෝකෙ වාර්තාගත එකම සිදුවීම මෙයයි. එය කොපමණ වේදනාකාරී සිදුවීමක් වෙන්නට ඇද්ද? ඒ සෝතාපන්න වෙලා ඉන්න අම්මට...? ඒ අම්ම වේදනාව නැතිකර ගත්තෙ තමන්ගෙ බඩට අත තියල තෙරුවන් සිහි කිරීමෙනුයි. මේ අම්මා බඩට අත තියල තෙරුවන් සිහි කරන්නේ මෙහෙමයි.

ඒ භාග්‍යවත් බුදුරජාණන් වහන්සේට මේ දුක නැනෙ... ඒ භාග්‍යවත් බුදුරජාණන් වහන්සේ සංසාරෙන් එතෙර වුණා නෙ... මටත් කියා දුන්න මෙහෙම දුකක් හමු නොවෙන්න සංසාරෙන් එතෙර වෙන හැටි... අනේ ඒ භාග්‍යවතුන් වහන්සේ අරහං වන සේක... ඒ ශ්‍රී සද්ධර්මය මුළුමනින්ම අවබෝධ කරගත් කෙනෙකුට මේ දුක නැනේ. ඒ සද්ධර්මය සන්දිට්ඨිකයි... ඒ ශ්‍රාවකයන් වහන්සේලා නිවන් මග වැඩම කරල සියලු දුකෙන් නිදහස් වුණා නෙ....

කුස අත ගගා අම්මා සිහි කළේ එහෙමයි. දවසක් ඒ අම්මා ස්වාමියාට කිව්වා, භාග්‍යවත් බුදුරජාණන් වහන්සේට මේ කාරණේ ගිහින් කියන්න කියල. ඔහු ගිහින් කිව්වා... "භාග්‍යවත් බුදුරජාණන් වහන්ස... අපේ ස්වාමි දියණියට මේ වගේ තත්වයක්. කුසට අවුරුදු හතකුත් ඉවරයි. මාස හතකුත් ඉවරයි. දරුව බිහිවෙන්නෙ නෑ. බුදු ගුණ කියමින් තමයි වේදනාව නැතිකර ගන්නෙ...." ඒ වෙලාවේ බුදුරජාණන් වහන්සේ ආශීර්වාද කළා, "සුප්පාවාසා සුවපත්

වේවා, පින්වත් පුතෙකු ලැබේවා..." කියල. ඒ වෙලාවෙ පෙරහන්කඩකින් වතුර වැක්කෙරෙන්නා වගේ බොහොම සුවසේ පුතෙක් උපන්නා. ඒ පුතා තමයි සීවලී කුමාරයා.

ඉපදුණු ගමන්ම දූන් මේ බබා ඇවිදිනවා. එහෙනම් බුදුරජාණන් වහන්සේ විතරක් නෙවෙයි ඉපදුණ ගමන් ඇවිද්දේ. දූන් සුප්පාවාසාටයි ඒ මහත්මයටයි බොහොම සන්තෝසයි. ඒ සන්තෝසෙට, අපි හත් දවසක් දානෙ දෙමු... කියල බුදුරජාණන් වහන්සේ ඇතුළු මහ සඟරුවනට ආරාධනා කළා. හැබැයි එක දානෙ වේලක් භාරව තිබුණෙ වෙන කෙනෙකුට. මොග්ගල්ලාන හාමුදුරුවන්ගෙ හිතවතෙකුට. ඉතින් මොග්ගල්ලාන හාමුදුරුවන්ට කතා කරල කිව්වා පින්වත් ස්වාමීන් වහන්ස, අසවල් කෙනාට දානෙ තියෙන්නෙ, ඒක කතාකරල ගන්නයි කියා. මොග්ගල්ලාන හාමුදුරුවො ඒ හිතවතා හමුවෙන්න ගිහිල්ලා කිව්වා, සුප්පාවාසා දරුවා ලැබුණු ප්‍රීතියට දවස් හතක් දානෙ දෙන්නයි කල්පනාව. ඒ නිසා අටවෙනි දවසෙ ඔබේ දානය දෙන්න කියල. එතකොට කිව්වා...

"හා හොඳයි ඔබවහන්සේ පොරොන්දු වෙන්න ඕන මේ බඩුමුට්ටු අටවෙනි දවස වෙනකම් නරක් නොවී තියා ගන්න වගට. ඒ වගේම මගේ ශ්‍රද්ධාවත්..."

එතකොට මොග්ගල්ලාන හාමුදුරුවො කිව්වා,

"....හොඳයි මේ බඩුමුට්ටු මං නරක් නොවී ඉර්ධි බලයෙන් රැකදෙන්න පොරොන්දු වෙන්නම්. හැබැයි ඔය ශ්‍රද්ධාව නම් නරක් නොවී තියාගන්න පොරොන්දු වෙන්න බෑ. ඒක ඔබේ අතේ...."

ඒකෙ තේරුම මොකක්ද? ශ්‍රද්ධාව රැකගැනීම තම තමන් අතේ බවයි.

හත්වෙනි දවසෙ මේ චූටි පුතා ඇවිදනවා. සාරිපුත්ත හාමුදුරුවො බුදුරජාණන් වහන්සෙ ළඟම වැඩඉන්නවා. මේ චූටි පුතා ළඟට ආවම සාරිපුත්ත හාමුදුරුවො ඇහුවා,

"චූටි බබෝ කොහොමද සැපදුක්...?"

"....අනේ මොන සැපක්ද...?' දන් මේ අම්මට හරි සතුටුයි. දම් සෙනෙවි සැරියුත් හාමුදුරුවොත් එක්ක තමන්ගෙ පුතා කතා කරනවා. සැරියුත් හාමුදුරුවො අහනවා,

"ඇයි පුතා එහෙම කියන්නෙ...?"

"ඇයි මම අවුරුදු හතක්ම හිටියෙ කලයක් අස්සෙ නෙ."

පුතාගේ කතා අහල හරි සතුටින් ඉන්න අම්මගෙන්, මේ වෙලාවෙ දී බුදුරජාණන් වහන්සේ මෙසේ විමසුවා...

"සුප්පාවාසා ඔබ කැමතිද මේ වගේ චූටි බබාලා තව ලැබෙනවට...?"

"භාග්‍යවත් බුදුරජාණන් වහන්ස, මේ වගේ හත් දෙනෙක් වුණත් ලැබෙනවා නම් මං කැමතියි..."

'ඕක තමයි සුප්පාවාසා කියන්නේ... **(අසාතං සාත රූපේන)** අමිහිරි දේ ඇවිල්ල තියෙන්නෙ මිහිරි වෙස් අරගෙන. **(පිය රූපේන අප්පියං)** අප්‍රිය දේවල් ඇවිල්ල තියෙන්නෙ ළඟට ප්‍රිය වෙස් අරගෙන. **(දුක්ඛං සුඛස්ස රූපේන)** දුක ඇවිල්ල තියෙන්නෙ සැප වේශය අරගෙන. **(පමත්ත මති වත්තතී)** ඒ නිසා තමයි ප්‍රමාද වෙච්ච කෙනා ඕකට යටවෙන්නෙ.'

මේය ඇසුණු ගමන්ම සුප්පාවාසාට කාරණය තේරුම් ගියා. අන්න දැක්කද ධර්මයේ හිත පිහිටිය කෙනාගෙ

ලක්ෂණය ඒකයි. එහෙම නොවුණු කෙනා ආයිම ප්‍රශ්න කරනවා එහෙම කොහොමද කියල. ඉතින් සුප්පාවාසා කිව්වා,

"භාග්‍යවත් බුදුරජාණන් වහන්ස, මට එක දරුවෙක්වත් එපා."

එහෙම කියපු ගමන් සාරිපුත්ත හාමුදුරුවො චූටි බබාගෙන් ඇහුවා,

"පුතා, එහෙනම් මහණ වෙමුද?"

ඒ චූටි බබා බැලුවා අම්ම දිහා. බලද්දී අම්මා කියනවා,

"අනේ පුතේ මහණ වෙන්න. පුතා මහණ වෙලා මේ සංසාරෙන් මිදෙන්න..."

කොහොමද ඒ අම්මට එහෙම හිතට ආවෙ? ඒ අම්මා සද්ධර්මය දන්න කෙනෙක්. ඒ අම්මා දුක හඳුනගත්තු කෙනෙක්. ඒ අම්මා දුකට හේතුව හඳුනගත්තු කෙනෙක්. ඒ හේතුව නැතිකරන්න පුළුවන් කියල හඳුනගත්තු කෙනෙක්. ඒ මාර්ගය හඳුනගත්තු කෙනෙක්. අන්න එහෙමයි සීවලී කුමාරයා බුද්ධ ශාසනයට ඇතුලු වුණේ. ධර්මය කියන එක අන්න ඒ විදිහට අපේ හිතේ පිහිටිය යුතු දෙයක්. එතකොට ඒ අම්මට පුළුවන් වුණා, අවුරුදු හතයි, මාස හතකුයි, සතියක් තම කුසේ දරාගෙන වද වේදනා විඳිමින් තෙරුවන් සිහිකරමින් රැකගත්තු දරු සම්පත එක සැණෙකින් ශාසනයට දෙන්න. 'පුතේ, දුකෙන් නිදහස් වෙන්න' කියලා. අන්න ඒකටයි කියන්නෙ අත්හැරීමේ හැකියාව කියලා. සමහර විට මේ වෙන කොට සුප්පාවාසා පිරිනිවන් පාන්නත් ඇති... එයා මරණින් මත්තෙ තව කොච්චර දුරට ඒ ජීවිතේ පුරුදු කළාද කියල කියන්න දන්නෙ නෑ.

අපේ දිනචරියාවෙන් සුළුකාලයක් හරි වෙන්කරගෙන සෝතාපන්න වෙන්න උත්සාහ කළොත්...?

සෝතාපන්න වෙන්න ලැබුණොත් තිබෙන වාසිය තමන්ගේ සිත නොනැවතීම දියුණුව කරා ගෙන යාමට ඇති හැකියාවයි. අප ගත කරන කාල පරිච්ඡේදයෙන් සුළු කාලයක් හෝ ඒ කරුණ සඳහා යොමු කරගන්න ඕන. දැන් අප අපේ රට රාජ්‍ය ගැන කතා කරනවා. ඒ අතරෙ මැරුණොත් අපි දන්නෙ නෑ කවුරු වෙලා ඉපදේවිද කියා.

පෘථග්ජන විදිහට මැරුණොත් මොනව වෙයිද කියන්න බැහැ..

පෘථග්ජන දෝෂයෙන් මැරුණොත් බොහොම භයානකයි. නපුරු හිතක් තිබිල අපි මැරුණොත් පොඩි ගෝනුසු පැටියෙක් වෙලා ගෙදරට එයි. බබාල කියයි ඔන්න අම්මෙ හප්ප ආව කියල. මොකද වෙන්නෙ...? මරල දායි. එහෙම වෙන්න බැරිද? සංසාරෙ එහෙම එකක්. ඒ නිසයි මිනිස් ජීවිතේ මෙච්චර වටින්නෙ. ඒ නිසයි මිනිස් ජීවිතේ මෙච්චර දියුණු කරන්න පුළුවන්. ඒකයි මිනිස් ජීවිතේ මෙච්චර දුර්ලභයි කියන්නෙ.

ඉතා සෙනෙහසින් ඉල්ලන්නම් - එපා හිස් අතින් මියයන්න නම්....

මං මේ පින්වතුන්ගෙන් බොහෝම සෙනෙහසින් ඉල්ලන්න කැමතියි, ... හිස් අතින් මියයන්න සූදානම් වෙන්න එපා. ඒක තමාට අවාසියි. තමාට විශාල පාඩුවක් එහෙම වුණොත්. මේ වෙලාව අපට ජීවිතේ අවබෝධ

කරගන්න ලැබී තිබෙන වෙලාවයි. ඒ නිසා බොහෝම උත්සාහයෙන්, ධෛර්යයෙන් ඉදිරි ටික කාලයේදීවත් ජීවිතය හරිගස්ස ගන්න හිතට ගන්නට ඕන. එහෙම වුණොත් හිස් අතින් මැරෙන්න වෙන්නෙ නෑ.

මේ ජීවිතය අවබෝධ කරන්නෙ බොහොම ටික දෙනයි...

අප මතක තියාගන්න ඕන, බොහොම ටික දෙනයි මේ ජීවිතය අවබෝධ කරගන්නෙ. පස් ටිකක් නියපොත්තට අරගෙන, බුදුරජාණන් වහන්සේ වදාළා, පින්වත් මහණෙනි, මේ නියපොත්තෙ පස්ද වැඩි, පොළොවෙ පස්ද...?

'භාග්‍යවත් බුදුරජාණන් වහන්ස, පොළොවෙ ගොඩාක් පස් තියෙනවා. නියපොත්තෙ තියෙන්නෙ බොහොම ටිකයි...'

'අන්න ඒ වගේ මහණෙනි, බොහොම ටික දෙනයි මේ සද්ධර්මය අවබෝධ කර ගන්නෙ.'

අපි ඔක්කොම බුදුරජාණන් වහන්සේගේ නියපොත්තෙ පස් වගේ....

අන්න එහෙනම් මේ ලෝකෙ ජනතාවගෙන් ඉතාම සුළු පිරිසයි මේ සද්ධර්මය අල්ලගන්නෙ, අන්න ඒ සුළු පිරිසටයි දැන් අපි ඔක්කොම අයිති වෙන්නෙ. අපටයි ඒ අවස්ථාව ලැබී තියෙන්නේ. එහෙනම් මේ දුර්ලභ අවස්ථාවෙන් උපරිම ප්‍රයෝජන ගත යුතුයි. අධිෂ්ඨාන කරල ප්‍රාර්ථනා කරල නිවන අප ළඟට එන්නෙ නෑ. අප විසින් නිවන කරා යා යුතුයි.

ධර්මය ටිකක් කතා වෙනවා....

දැන් දැන් ලංකාවෙ ධර්මය ටික ටික කතා කරනවා. ඒක දුර්ලභ අවස්ථාවක්. කොපමණ කලක් මේ ධර්ම ඝෝෂාව තිබෙයිද කියන්න බැහැ. ඒ නිසා මේ කාල පරිච්ඡේදයේදී සද්ධර්මයේ සිත පිහිටුවමින්, සක්කාය දිට්ඨියෙන් නිදහස්ව මේ ධර්මය අවබෝධ කළ යුතුයි. එහෙම වුණොත් හිස් අතින් මිය යන්නෙ නැහැ.

සක්කාය දිට්ඨියෙන් අයින් වෙමු

සක්කාය දිට්ඨියෙන් නිදහස් වෙන්නේ, දුක ආර්ය සත්‍යයක් හැටියට අවබෝධ වීමෙන්. ඒ සඳහා තමයි සතිපට්ඨානය තියෙන්නේ. ඉන් ඇතිවෙන අවබෝධය නම් පටිච්ච සමුප්පාදය තේරුම් යාමයි. එනම්, හේතුඵල වශයෙන් ජීවිතය තුළ දැකීමේ හැකියාවයි. ඒ හැකියාව ලබාගත් පසු 'තමා' කියන හැඟීම මුලාවක් බව දැනගෙන එයින් අයින් වෙන්නට පුළුවන් වෙනවා. එවිට 'තමා' කියන හැඟීම දෘෂ්ටියක් පමණක් බව තේරුම් යනවා.

පළමුවෙන් සද්ධානුසාරී විය යුතුයි.

ආර්ය අෂ්ටාංගික මාර්ගයට පැමිණෙන පළවෙනි පියවර සද්ධානුසාරී වීමයි. සද්ධානුසාරී බවට පත්වෙන්නේ, ශ්‍රද්ධාවෙන් මේ ධර්ම මාර්ගය පිළිගන්නා තැනැත්තායි. ඔහු සංසාර දුක පිළිගන්නවා. පවතින්නේ හේතුඵල දහමක් බව පිළිගන්නවා. දුකෙන් නිදහස් වෙන්න ඕන කියල පිළිගන්නවා. බුදුරජාණන් වහන්සේ දුකෙන් නිදහස් වුණු බවත් ඒ ධර්මයට අපව දුකෙන් නිදහස් කරන්නට පුළුවන් බවත් පිළිගන්නවා. ඒ ධර්මය ශ්‍රාවකයින් විසින් අනුගමනය කළ යුතු බව පිළිගන්නවා. එසේ අනුගමනය කොට රහත් බවට පත් වූ ශ්‍රාවකයින් සිටි බව පිළිගන්නවා.

මේ මතයන්ට පැමිණි කෙනා සද්ධානුසාරී වෙනවා. ධර්මය වෙතට එන්නට නම් මුලින්ම විය යුත්තේ මේ මතවලට පැමිණීමයි.

සද්ධානුසාරී ඉන්ද්‍රිය පිහිටීම

සද්ධානුසාරී වුණු ගමන් එයාට දැන් පිහිටල තියෙනවා ඉන්ද්‍රියයක්. ඉන්ද්‍රියක් කියන්නෙ, අභ්‍යන්තරිකව සකස් වෙන කුසලතාවක්. ඒක හිත ඇතුලෙ ක්‍රියාත්මක වෙන එකක්. *(Faculty)* ආර්ය අෂ්ටාංගික මාර්ගයට පැමිණෙන්න නම්, මුළු හදවතින්ම බුදුරජාණන් වහන්සේ පිළිගන්නා බව, ඒ සද්ධර්මය පිළිගන්නා බව, ඒ ශ්‍රාවකත්වයට පැමිණෙන බව සිදුවිය යුතුයි. එවිට එයාට සද්ධානුසාරී ඉන්ද්‍රිය පිහිටනවා.

සද්ධානුසාරී නම්, වීර්යය, සතිය, සමාධිය ඇතිවෙනවා...

සද්ධානුසාරී බවට පත්වූ තැනැත්තාට කෙලෙස් ඇතිවෙද්දී ඒවා දුරුකරන්නට වීර්යය කරනවා. වීර්යය කියන ඉන්ද්‍රිය එයාට පිහිටනවා. එයා තමන්ගේ ජීවිතය ගැන බොහොම කල්පනාවෙන් සිටිනවා. එයාට සතිය පිහිටනවා. එයා යම්කිසි ප්‍රමාණයකට හිත සමාහිත කරනවා. එයාට සමාධිය පිහිටනවා. වටහා ගැනීමේ ශක්තිය පිහිටනවා. සද්ධානුසාරී තත්වයට එනවිට ඒ ගුණාංග ඇතිවෙනවා. මේ ආකාරයට සෝවාන් මාර්ගයේ ආරම්භක අවස්ථාවට ඕනෑම කෙනෙකුට එන්නට පුළුවනි.

ධම්මානුසාරී

ධම්මානුසාරී යනු සෝවාන් මාර්ගයේ දියුණු අවස්ථාවයි. ධම්මානුසාරී කෙනා තමාගේ මනස තමන්

විසින්ම දමනය කරනු ලබනවා. වැලක් තියෙනවා කියල හිතමු. අපට මේ වැල යවන්න ඕන වෙනවා දකුණු පැත්තට. ඒ නිසා දකුණු පැත්තට හරවල වැල ගැට ගැසිය යුතු වෙනවා. ඊටපස්සෙ වැල ඒ පැත්තට ඉබේම යනවා. අප විසින් කළේ වැල දකුණට හැරවීම පමණයි. අන්න ඒ වගේ ඇස, කන, නාසය, දිව, ශරීරය, සිත කියන ඉන්ද්‍රිය හය ටික ටික පාලනය කරන්න අප පුරුදු කරනවා. එය කළ යුත්තේ සතිපට්ඨානයට හිත යොමු කරමින්. එහෙම පාලනය වුණාට පස්සෙ අප වචනයෙන් පුරුදු කරනවා. ඇස අනිත්‍යයි, කන අනිත්‍යයි, නාසය අනිත්‍යයි, දිව අනිත්‍යයි, කය අනිත්‍යයි, සිත අනිත්‍යයි කියල. එහි තේරුම නම් ඇස සකස් වී තිබෙන දෙයක්. සකස් වී ඇති දෙයක් නම් වෙනස් වෙන දෙයක්. ඇසට පෙනෙන රූප අනිත්‍යයි. ඒ කියන්නෙ රූප සකස් වුණ දේවල්. සකස් වෙලා තියෙන දේවල් වෙනස් වෙනවා. මේ වගේ අපේ සම්පූර්ණ ජීවිත කතාවෙම ඇත්ත තත්වය විමසන්න පුරුදු කරනවා. දැන් දියුණු වෙලා තියෙන්නෙ ශ්‍රද්ධාවද? නැත්නම් ධර්ම ඥානයද? කලින් මුළු හදවතින්ම ධර්ම මාර්ගය පිළිගත්තා. ඇසූ දේ ඇහුවා. පිළිගත්තා. එතනින් නතර වුණේ නෑ. ඒ ඇසූ දේ දරාගෙන එය තේරුම් ගැනීම පිණිස දැන් මානසික අභ්‍යාසයක යෙදෙනවා, දැන් ටිකෙන් ටික ගැඹුරු කාරණා තමන්ට වැටහෙන්නට පටන් ගන්නවා. දැන් දියුණු වෙන්නේ ධර්ම ඥානයයි. ඒක තමයි ධම්මානුසාරී කියන්නේ.

ධම්මානුසාරී වෙන කොට එයාට ටික ටික පටිච්චසමුප්පාදය තේරුම් ගන්නට පුළුවන් වෙනවා. දුක ආර්ය සත්‍යයක් හැටියට ජීවිතය තුළ බලපවත්වන හැටි ටික ටික තේරුම් ගන්නට පුළුවන් වෙනවා. මේ දුකේ

හේතුව මොකද්ද කියල තේරුම් ගන්නට පුළුවන් වෙනවා. මේ දුකින් නිදහස් වෙන හැටි තේරුම් ගන්නට පුළුවන් වෙනවා. ඒ සඳහා කරන්නට තියෙන වැඩපිළිවෙලට එයා යනවා. මේ ගති ලක්‍ෂණ තිබෙන කෙනා ධම්මානුසාරී බවට පත්වෙනවා.

සද්ධානුසාරී නම් ධම්මානුසාරී නම් බයවෙන්න ඕන නෑ...

ඔය තත්ව දෙක ඇතිකර ගන්න. ඊටපස්සෙ බයවෙන්න එපා. සෝතාපත්ති මාර්ගයේ ගමන් කළ කෙනෙක් ඵලයට පත් නොවී මරණයට පත්වෙන්නෙ නෑ. බුදුරජාණන් වහන්සේ **ඔක්ඛන්ති සංයුත්තයේ** ඒ බව වදාළා. ඔක්ඛන්ති කියන්නේ බැසගැනීමයි. ආර්ය මාර්ග යට බැසගන්නවා කියන නමින් සංයුත්ත නිකායෙ ඒ බව සඳහන්ව තිබෙනවා. අනිත්‍ය වශයෙන්, දුක් වශයෙන්, අනාත්ම වශයෙන් මේ ජීවිතයේ අභ්‍යන්තරය වෙන් කරමින් බලන කෙනා, හේතුඵල වශයෙන් තේරුම් ගන්න කෙනා සෝතාපන්න තත්වයට පත් නොවී මරණයට පත්වෙන්නෙ නැති බව එහි සඳහන් වෙනවා. එහෙනම් එයා පැහැදිලිවම බුද්ධ ශාසනයේ පිහිටන ලද කෙනෙක්. එහෙම නම් බුද්ධ ශාසනයේ පිහිටන්නට අපටත් පුළුවන්. හැබැයි ඒ සඳහා ශ්‍රද්ධාව මුල් බැසගත යුතුයි. ඒ ශ්‍රද්ධාව දෙවියන් මරුන් බඹුන් සහිත ලෝකෙ කිසි කෙනෙකුට සොලවන්නට නොහැකි විය යුතුයි. අවංකවම සද්ධර්මය සාක්ෂාත් කරනවා නම්, අත්දකිනවා නම්, කිසිම දවසක අපේ ශ්‍රද්ධාව වෙනස් කරන්නට හැකිවන්නේ නැහැ.

ධර්මාවබෝධයට තරාතිරම් නෑ...

බුදුරජාණන් වහන්සේගේ කාලෙ බොහෝම දුප්පත්

මනුස්සයෙක් හිටියා. එයා කුෂ්ඨ රෝගියෙක්. යාන්තම් කාල බීල ජීවත්වෙන කෙනෙක්. එයා කෑමක් හොයාගෙන යනකොට පිරිසක් වටවෙලා ඉන්නව දැක්කා. කෑම බෙදන තැනක් වෙන්න ඇති කියල ගිහිල්ල බැලුවහම බණ කියන තැනක්. බුදුරජාණන් වහන්සේ ධර්මය දේශනා කරන වේලාවක්. බලන්න මෙයාගෙ බඩගින්න වාසනාවන්ත එකක්. එයාගෙ බඩගින්නයි මේ ධර්මය ලැබෙන තැනට එයාව එව්වේ. බැලුවහම කෑම නෙවෙයි, අමෘතය බෙදන තැනක්. මෙයා පැත්තකින් වාඩිවෙලා බණ අහන්න ලෑස්ති වුණා. මහා කාරුණිකයන් වහන්සේ නුවණින් බැලුවා කවුද අද ධර්මය අවබෝධ කරන කෙනා කියල. දැක්ක අර හිඟන මනුස්සයව. එයා ඉලක්ක කරගෙන දහම් දෙසුවා. එයා සෝතාපන්න වුණා. එයා හරි සතුටෙන් ආපහු යද්දි ශක්‍ර දේවේන්ද්‍රයා කල්පනා කළා, මෙයාගෙ ශ්‍රද්ධාව ගැන විමසන්න. එහෙම හිතලා දිව්‍ය වේශයෙන්ම ඇවිත් මෙයාට කියනවා....

"නුඹට විශාල වැරදීමක්. නුඹ හිතනව නේද මේ ජීවිතය අනිත්‍යයි කියල? මොන පිස්සු කතාවක් ද ඒ? මේ ජීවිතය දුකයි ආත්මයක් නෑ කියල හිතනවා නේද? ඒක වැරදියි. ඔබ එන්න මා සමඟ එකඟව. මම ඔබට කෝටියක් වස්තුව දෙන්නම්..."

මෙන්න සෝතාපන්න කුෂ්ඨ රෝගියාගෙන් ලැබුණ පිළිතුර...

"නීච සත්වය, තොප ඔය තරම් අවාසනාවන්තද? යථාර්ථයට පිටුපාන්නෙ ඇයි?"

බලන්න මේ හිඟන මනුස්සයා දියුණු වෙච්ච මට්ටම. ඒ දියුණුව ලබාදුන්නෙ මේ ධර්මය විසිනුයි. එහෙම නම්

මේ ධර්මයෙන් අපට ඒ දියුණුව ලබන්න පුළුවන්. ඒ සඳහා අප විසින් අන් අයටත් තෙරුවන් සරණ දිය යුතුයි.

බුදුරජාණන් වහන්සේගේ මස් කා ලේ බිව් බෞද්ධයින්....

මේ තෙරුවන් සරණ ගැන කතා කරන රටේ, පහුගිය දවසක බෞද්ධ පවුලක් මිථ්‍යා දෘෂ්ටික බවට පත්වුණා. ඒ ගොල්ලන්ට අනුශාසනාවක් ලැබුණා මෙහෙම. (කිසි කෙනෙක් හිතේ ද්වේෂය ඇති කරගන්න එපා) පාන් සහ තේ ගෙනත් තිබුණා සංග්‍රහයට. පාන් පෙන්නල කිව්ව... "මෙන්න උඹලගෙ බුදුන්ගෙ මස්, කාපං... තේ දීල කිව්ව... මෙන්න උඹලගෙ බුදුන්ගෙ ලේ... බීපං..." දෙකම කළා. ඇයි ඒ තත්වයට ඒ තෙරුවන් සරණ ගිය උදවිය පත්වුණේ? ඒ අයට සද්ධර්මය මුණ ගැසුණෙ නෑ. සද්ධර්මය හරියාකාරව තේරුම් කරල දෙන්න කෙනෙක් මුණ ගැහුණෙ නෑ. සද්ධර්මය මුණ ගැහුණු කෙනාගෙ වෙනස තේරෙනවද? අර කුෂ්ඨ රෝගියාට කෝටියක් ධනය දෙන්නම්, නිත්‍යයි කියල හිතන්න කිව්වා. පිළිගත්තද? පිළිගත්තෙ නෑ. ඒ ශක්තිය අපි ලබාගන්න නම් මනාකොට සද්ධර්මයට එන්න ඕන. ලෝකෙ කාටවත් එතකොට අපව වෙනස් කරන්න බෑ. අපි නිවන කරා යනවා යනවාමයි. ඒක කාටවත් වෙනස් කරන්න බෑ.

විශාල පිරිසක් දුකෙන් නිදහස් වුණු ඒ ධර්මය, අද අපටත් තියෙනවා නම්, ආයෙ ආයෙ සංසාරෙ යන්න ඕනද?

පින්වතුනි, අපේ කේශාන්තයේ සිට පාදාන්තය දක්වා ඇති සෑම දෙයක්ම ලෝක ධර්මයක්. මේ ලෝක ධර්මයෙන්

ඉස්සරවෙලාම නිදහස් වුණේ භාග්‍යවත් බුදුරජාණන් වහන්සේයි. උන්වහන්සේ අපටත් කියල දුන්න නිදහස් වෙන හැටි. ඒ ශ්‍රී සද්ධර්මය තමයි මේ තියෙන්නේ. එය අනුගමනය කළ විශාල පිරිසක් දුකින් නිදහස් වුණා. එදා පටාචාරාවට ඒ ධර්මය මුණ නොගැහුණා නම් තවමත් අප අතර. සුනීත සෝපාකලත් එහෙමයි. අපට දැන් සද්ධර්මය මුණ ගැසී තිබෙනවා. එහෙනම් ආයෙ, ආයෙ සංසාරෙ යන්න ඕන නෑ.

ඥාණානන්ද හාමුදුරුවො නිසා යන්තම් පැනගත්ත...

සංසාර දුකෙන් ගැලවීම පිණිස, ධර්මය සටහන් කරන ලද පොත් සහ කැසට් පට දැන් මේ පින්වතුන් අතට ලැබෙනවා. නිෂ්පාදක මහතුන් විසින් කිසිදු වාණිජ පරමාර්ථයකින් තොරව ඒවා ඉදිරිපත් කරන බවට මා විශ්වාස කරනවා. ඒවායෙහි ඇතුළත් ශ්‍රී සද්ධර්මය බුදුරජාණන් වහන්සේ සතුයි. ඒවා යළි යළිත් කියවන්න. යළි යළිත් සවන් දෙන්න. යළි යළිත් පුරුදු කරන්න. සිත්හි දරාගන්න. නුවණ මෙහෙයවමින් යළි යළිත් විමසන්න. අප සියලු දෙනාම වාසනාවන්තයි. ඒ බව තේරුම් යන්නේ දැන්මම නෙවෙයි. ඒ වාසනාව තේරුම් යන්නේ මියගිය දිනයකයි. මරණින් මතු සුගතියේ ඉපදිලා මෙහෙම කියයි.... 'යාන්තම් බේරුණා අර ඥාණානන්ද හාමුදුරුවො නිසා. මේ ධර්ම මාර්ගය මුලා නොවෙන්න කියා දීල තිබුණ නිසා යන්තම් පැනගත්තා....'

ඒ සද්ධර්මය තමයි මේ ලැබෙමින් පවතින්නේ. අහල තියෙනවා නේ ධර්මය නැති කාලෙ මිනිස්සු පිස්සො වගේ ගියා ධර්මය හොයාගෙන. දන්නවනේ බටහිර

සමාජයෙ අසහනකාරී පිරිසක් බිහිවුණා. *(Gypsy)* අපේ රටේ සද්ධර්මය ස්ථාපිතව තිබුණු අනුරාධපුර යුගයෙදී, එහෙම පිරිස් බිහිවුණේ නෑ. මේ ශ්‍රී සද්ධර්මය කරා යනකම් එවැනි අභිගුණ්ඨික ජීවිත අපට උරුම වෙන්නෙ නෑ. අපට සනාතන ජීවිත උරුම වෙන්නෙ. අපට ඒ සද්ධර්මය ලබා දුන්නෙ භාග්‍යවත් බුදුරජාණන් වහන්සේයි. අපට පුළුවන් වෙන්න ඕන ජීවිතයෙ ඕනෑම වෙලාවක සද්ධර්මය වෙනුවෙන් ගතකරන්න. ඒ බුදුරජාණන් වහන්සේගෙ බුදුගුණ අපි දූන් කියමු. ඒ බුදුරජාණන් වහන්සේට ගුණ නවයක් තිබුණා. මා සරල සිංහලෙන් කියන්නම්. මේ පින්වතුන් දෑස් පියාගෙන හොඳින් අසාගෙන ඉන්න.

සියලු දෙනාටම තිසරණ සරණයි.

සාදු! සාදු!! සාදු!!!

නමෝ තස්ස භගවතෝ අරහතෝ සම්මාසම්බුද්ධස්ස
ඒ භාග්‍යවත් අරහත් සම්මා සම්බුදුරජාණන් වහන්සේට නමස්කාර වේවා!

04. අපි බුදුගුණ සිහි කරමු

අරහං බුදුගුණය

ඒ බුදුරජාණන් වහන්සේට තිබුණා අපට වගේම ඇස් දෙකක්. නමුත් ඒ ඇස් දෙකෙන් රූප බලල ඇලුණෙත් නෑ. ගැටුණෙත් නෑ. මුලාවුණෙත් නෑ. ඒ කන්වලින් ශබ්ද අහල, නාසයෙන් ආඝ්‍රාණය කරල, දිවෙන් රස විඳල, කයෙන් පහස ලබල, හිතෙන් හිතල, ඇලුණෙත් නෑ, ගැටුණෙත් නෑ. මුලා වුණෙත් නෑ. සියල්ලෙන්ම නිදහස් වුණා. ඒ නිසා මාගේ ශාස්තෘන් වහන්සේ අරහං වන සේක.

හඬන වැලපෙන සැලෙන - හිතේ දුක නැති වුණා
හදන සසරක ගමන - කෙලෙස් මුල් වැනසුණා
නිවන සැනසුම රැඳුණ - ලොවක යළි නොම රැඳුණ
අරහං ය මගේ බුදු - පියාණන් වහන්සේ....
සාදු! සාදු! වදිමි - ඒ බුදුන් වහන්සේ....//

සාදු! සාදු!! සාදු!!!

සම්මා සම්බුද්ධ බුදුගුණය

අපට නම් මේ ධර්මය කියා දෙන්න පිරිස් ඉන්නවා. එදා ගිහි ජීවිතය අත්හැරල මහ වනයට ගිය දවසේ කවුද හිටියෙ උන්වහන්සේට මේ ධර්මය කියා දෙන්න? නිවන් මගක් ගැන මේ ලෝකෙ කවුරුවත් දැනගෙන හිටියෙ නෑ. කිසි දවසක අසා නැති ඒ නිවන් සුව, ඒ භාග්‍යවත් බුදුරජාණන් වහන්සේ තමන්ගෙ නුවණින්ම අවබෝධ කළා. ඒ නිසානෙ උන්වහන්සේට සම්මාසම්බුද්ධ කියල කියන්නෙ.

අසා නැති අමා සුව - සිතා ගත හැකි වුණා
පතාගෙන ආ විලස - ලොවේ තතු වැටහුණා
ලබා සම්බුදු නුවණ - අමා සදහම් දෙසන
සම්බුදු ය මගේ බුදු - පියාණන් වහන්සේ.....
සාදු! සාදු! වඳිමි - ඒ බුදුන් වහන්සේ....//

සාදු! සාදු!! සාදු!!!

විජ්ජාචරණ සම්පන්න බුදුගුණය

එච්චර සීලවන්ත ජීවිතයක් ආයෙ නම් කවුරු තුළින් දකින්නද? උන්වහන්සේගේ සිත පරිපූර්ණ වූ සීලයකටයි යොමු වුණේ. කය වචනයත් එහෙමයි. ඒ සිල්වත්කම උදාරතර එකක්. හුළඟ නැති තැනක දිලෙන නොසෙල්වෙන පහන් සිලක් වගේ ඒ හිත සමාහිත වෙලා තිබුණා. හිරුමඬලටත් වඩා ඒ නුවණ ප්‍රභාෂ්වර වුණා. ඒ නිසා උන්වහන්සේට විජ්ජාචරණ සම්පන්න කියල කියනවා.

සිතන විට සැනසිලා - නිවන තුළ නැවතිලා
වඩින විට හිඳින විට - සිත සමාහිත වෙලා

හිරු මඬල සේ දිලෙන - චරණ විජ්ජා නුවණ
නැණවත් ය මගේ බුදු - පියාණන් වහන්සේ
සාදු! සාදු! වඳිමි - ඒ බුදුන් වහන්සේ....//

සාදු! සාදු!! සාදු!!!

සුගත බුදුගුණය

හරිම සුන්දර ඇස් දෙකක් තිබුණා ඒ භාග්‍යවත් බුදුරජාණන් වහන්සේට. උන්වහන්සේ මහා කරුණාවෙන් ලෝකෙ දිහා බලද්දි මුළු ලෝකයටම ඒ කරුණාව පැතිරුණා. උන්වහන්සේගේ සෑම ඉරියව්වකම පවිත්‍රත්වයේ සුන්දර බව තිබුණා. නිවන් මග කියන්නෙ පරම සුන්දර මග. ඒ සුන්දර මගේ උන්වහන්සේ වැඩල ඒ නිවන සාක්ෂාත් කළ නිසා සුගත කියල කියනවා.

සොඳුරු ගමනක් වඩින - සුපිපි සියපත් මැවෙන
දකින විට සිත් නිවෙන - ලොවට සිසිලස සදන
ඒ නිවන් මග වඩින - සුගත බුදු ගුණ දරණ
සුන්දරයි මගේ බුදු - පියාණන් වහන්සේ....
සාදු! සාදු! වඳිමි - ඒ බුදුන් වහන්සේ....//

සාදු! සාදු!! සාදු!!!

ලෝකවිදූ බුදුගුණය

මේ ලෝක සත්වයෝ මුළු ලෝකෙම අතරමං වෙලා, තම තමන්ගෙ ලෝක හඳුනගන්න බැරිව අනන්ත දුකට පත්වෙලා හිඳිද්දී, ඒ භාග්‍යවතුන් වහන්සේ මේ ලෝකයෙන් නිදහස් වුණා. ලෝකය අවබෝධ කළා. ලෝකෙ අවබෝධ කරන හැටි කියල දුන්නා. ඒ නිසා උන්වහන්සේට ලෝකවිදූ කියල කියනවා.

නොදැන තම තම ලෝක - විඳින කරදර නේක
සිඳිනු බැරි දුක සෝක - ලෝ සතුන් දුටු සේක
ලෝක දුක හඳුනගෙන - ලෝකයෙන් එතෙර වුණ
ලෝකවිදූ මගේ බුදු - පියාණන් වහන්සේ....
සාදු! සාදු! වඳිමි - ඒ බුදුන් වහන්සේ....//

සාදු! සාදු! සාදු!

අනුත්තර පුරිසදම්ම සාරථී බුදුගුණය

උන්වහන්සේට තිබුණා පුදුමාකාර මානසික බලයක්. උන්වහන්සේට පුළුවන් අපි මේ වාඩිවෙලා ඉන්න ඉරියව්වෙන් අහසේ යන්නට. උන්වහන්සේට පුළුවන් පොළොවෙ කිමිදෙන්නට. උන්වහන්සේට පුළුවන් ජලයේ ඇවිදින්නට. උන්වහන්සේට මේ ගොඩනැගිලි ප්‍රශ්නයක් නොවෙයි. මේ හරහා වඩින්න පුළුවන්. ඒකට කියනවා ඉර්ධි ප්‍රාතිහාර්යය කියලා. අපි පොතක් පත්තරයක් කියවනවා වගේ උන්වහන්සේට අපේ හිත කියවන්න පුළුවන්. ඒ බුදුරජාණන් වහන්සේට දහම් දෙසන්නට පුළුවනි, අපේ හිතේ කෙලෙස් නැතිවෙලා දුක නැතිවෙලා අමා නිවන් සුව දැනෙන විදිහට. ඒකට කියනවා අනුශාසනා ප්‍රාතිහාර්යය කියල. මේ විදිහට තමයි උන්වහන්සේ දහම් දෙසල, අකීකරු පිරිස දමනය කරල, දෙවි මිනිස් ලෝකයාව දමනය කරල, දුකෙන් මුදවා ගත්තෙ. ඒ නිසා උන්වහන්සේට අනුත්තර පුරිසදම්මසාරථී කියල කියනවා.

අකීකරු දෙවි මිනිස් - හා නොයෙක් සැඩ පිරිස්
සමිඳු සෙවණට පැමිණ - සදා දමනය වුණා
අනුත්තර පුරිසදම් - සාරථී ගුණෙන් යුතු

තෙදවත්ය මගේ බුදු - පියාණන් වහන්සේ....
සාදු! සාදු! වඳිම් - ඒ බුදුන් වහන්සේ....//

සාදු! සාදු!! සාදු!!!

සත්ථා දේවමනුස්සානං බුදුගුණය

උන්වහන්සේ තුසිත දෙව්ලොව වැඩසිටින කාලෙ දෙවිවරු ආරාධනා කළා, (**කාලෝ අයං තේ මහා වීර**) වීරයන් වහන්ස, ඔබ වහන්සේට කාලය පැමිණුනා (**උප්පජ්ජ මාතුකුච්ඡියං**) මව් කුසක ඉපදෙන්න මිනිස් ලෝකෙ. (**සදේවකං තාරයන්තෝ**) දෙව් මිනිස් ලෝකයාව සංසාරෙන් එතෙර කරන්නට. (**බුජ්ඣස්සු අමතංපදං**) අමා නිවන සාක්ෂාත් කරන සේක්වා! කියල ආරාධනා කළා. ඒ දේවතාරාධනයෙන් උන්වහන්සේ මිනිස් ලෝකෙට වැඩල, ශ්‍රී සද්ධර්මය අවබෝධ කරල, කාන්තාරෙ අතරමං වුණු ගැල් පිරිසක් ඒ කාන්තාරෙන් එතෙර කරන්නා වාගෙ දෙව් මිනිසුන්ව මේ සසර කතරෙන් එතෙර කෙරෙව්වා. ඒ නිසා දෙව් මිනිසුන්ට මග පෙන්වන්නා ලෙස උන්වහන්සේට සත්ථා දේවමනුස්සානං කියල කියනවා.

ලොවේ භව දුක නිවන - විවේකය ඇති කරන
දෙව් මිනිස් සතුන් හට - අමා සුව පතුරුවන
නමින් සත්ථා දේව - මනුස්සානං සේක
කාරුණික මගේ බුදු - පියාණන් වහන්සේ......
සාදු! සාදු! වඳිම් - ඒ බුදුන් වහන්සේ....//

සාදු! සාදු!! සාදු!!!

බුද්ධ බුදුගුණය

ඒ භාග්‍යවත් බුදුරජාණන් වහන්සේ කවදාවත් අමුතුවෙන් රහසෙ කැඳවා ගෙන තවත් කොටසකට වෙනම

දහම් දෙසල නෑ. පිරිනිවන් පාන්න මොහොතකට කලින් ආනන්ද හාමුදුරුවන්ට ප්‍රකාශ කළා "ආනන්ද, තථාගතයන් වහන්සේ ඔක්කොම කියල දුන්නා..... නිවන් පිණිස ඕන කරන ඔක්කොම කියල දුන්නා... රහස් මුකුත් තියාගත්තෙ නෑ..." කියල. ඉතින් ඒ ධර්මය අහල නේද මේ ලෝකෙ මිනිස්සු සිල්වත් වුණේ. පින්දහම් කළේ. ඒ සද්ධර්මය අහල නේද සිත සමාහිත කරගත්තෙ. සංසාරෙන් අත්මිදුණේ. ලෝභ නැතිව තමන් අවබෝධ කරපු සද්ධර්මය කිසිවක් ඉතිරිකර නොගෙන ලෝකයා වෙත සම්පූර්ණයෙන්ම බෙදා දුන්නු නිසා උන්වහන්සේට බුද්ධ කියල කියනවා.

රකින්නට ගුණ දහම් - කරන්නට සිත පහන්
නිවන්නට භව ගිමන් - දෙසූ සදහම් නිවන්
බුද්ධ යන ගුණෙන් යුතු - මහා නුවණකින් යුතු
පැණවත්ය මගේ බුදු - පියාණන් වහන්සේ
සාදු! සාදු! වඳිම් - ඒ බුදුන් වහන්සේ....//

සාදු! සාදු!! සාදු!!!

භගවා බුදුගුණය

හැබෑවටම ඒ උත්තමයන් වහන්සේ උතුම් මනුෂ්‍ය රත්නයක්. අපට වාසනාව ලැබුණ උන්වහන්සේව සරණ යන්නට. අපි කොයිතරම් වාසනාවන්තද? උන්වහන්සේ භාග්‍යවන්තයි. භාග්‍යවන්ත කෙනෙක්. මේ වෙනකොට උන්වහන්සේට මොනතරම් මල් පූජා කරල තියෙනවද? මොනතරම් උන්වහන්සේ වෙනුවෙන් පහන් දැල්වූවද? උන්වහන්සේ පිරිනිවන් පාල සෑහෙන කලක් ගියත් තවමත් අපි ළඟ ඉන්නව වගේ. භාග්‍යවන්තයි. සියලු ගුණයන්ට ආකරයක්. මහ සාගරයටත් වඩා ගුණ පිරිල තිබුණා. ආකාසෙටත් වඩා අනන්ත ගුණ තිබුණා. මහ වැස්ස වගේ

කරුණාව ඇද හැලුණේ. මහා කාරුණික බුදුරජාණන් වහන්සේ භාග්‍යවන්තයි.

කාරුණික හදින් යුතු - සීල ගුණ කඳින් යුතු
සමාහිත සිතින් යුතු - මහා නුවණකින් යුතු
සියලු බුදු ගුණ දරණ - නිවන් සුවයම සදන
භගවත් ය මගේ බුදු - පියාණන් වහන්සේ
සාදු! සාදු! වදිම් - ඒ බුදුන් වහන්සේ....
සාදු! සාදු! වදිම් - ඒ බුදුන් වහන්සේ....
සාදු! සාදු! වදිම් - ඒ බුදුන් වහන්සේ....

සාදු! සාදු!! සාදු!!!

නමෝ තස්ස භගවතෝ අරහතෝ සම්මාසම්බුද්ධස්ස
ඒ භාග්‍යවත් අරහත් සම්මා සම්බුදුරජාණන් වහන්සේට නමස්කාර වේවා!

05. බුද්ධානුස්සති භාවනාව

මාගේ ස්වාමී වූ බුදුරජාණන් වහන්සේ සියලු කෙලෙසුන් කෙරෙන් දුරු වූ සේක. රහසින්වත් පව් නොකළ සේක. සියලු පාපයන්ගෙන් මිදුණ සේක. සියලු ලෝවැසියන්ගේ ආමිස පූජා, ප්‍රතිපත්ති පූජා පිළිගැනීමට සුදුසු වන සේක.

බුදුරජාණන් වහන්සේ ඇසින් රූප දැක ඒ රූප කෙරෙහි නොඇලුණ සේක, නොගැටුණ සේක, මුලා නොවුණ සේක, ආශාව දුරු කළ සේක. කනින් ශබ්ද අසා ඒ ශබ්ද කෙරෙහි නොඇලුණ සේක, නොගැටුණ සේක, මුලා නොවුණ සේක, ආශාව දුරු කළ සේක. නාසයෙන් ගඳ සුවඳ දැන ඒ ගඳ සුවඳ කෙරෙහි නොඇලුණ සේක, නොගැටුණ සේක, මුලා නොවුණ සේක, ආශාව දුරු කළ සේක. දිවෙන් රස විඳ ඒ රසය කෙරෙහි නොඇලුණ සේක, නොගැටුණ සේක, මුලා නොවුණ සේක, ආශාව දුරු කළ සේක. කයින් පහස ලබා ඒ පහස කෙරෙහි නොඇලුණ

සේක, නොගැටුණ සේක, මුලා නොවුණ සේක, ආශාව දුරු කළ සේක. මනසින් අරමුණු සිතා ඒ අරමුණු කෙරෙහි නොඇලුණ සේක, නොගැටුණ සේක, මුලා නොවුණ සේක, ආශාව දුරු කළ සේක.

බුදුරජාණන් වහන්සේ අරහං වන සේක, අරහං වන සේක, අරහං වන සේක.

මාගේ ස්වාමී වූ බුදුරජාණන් වහන්සේ අවබෝධ කළ යුතු වූ, දුක නම් වූ ආර්ය සත්‍යය ගුරු උපදේශ නැතිවම අවබෝධ කොට වදාළ සේක. ප්‍රහාණය කළ යුතු වූ දුක හටගැනීම නම් වූ ආර්ය සත්‍යය, ගුරු උපදේශ නැතිවම ප්‍රහාණය කොට වදාළ සේක. සාක්ෂාත් කළ යුතු වූ, දුක නැතිවීම නම් වූ ආර්ය සත්‍යය, ගුරු උපදේශ නැතිවම සාක්ෂාත් කොට වදාළ සේක. ප්‍රගුණ කළ යුතු වූ, දුක නැතිවීමේ මග නම් වූ ආර්ය සත්‍යය, ගුරු උපදේශ නැතිවම ප්‍රගුණ කොට වදාළ සේක.

මේ චතුරාර්ය සත්‍යය ධර්මයන්, සත්‍ය ඥාන වශයෙන්ද, කෘත්‍ය ඥාන වශයෙන් ද, කෘත ඥාන වශයෙන් ද, පරිවර්ත තුනකින් යුතුව ආකාර දොළසකින් යුතුව ගුරු උපදේශ නැතිවම අවබෝධ කොට වදාළ නිසා **සම්මා සම්බුද්ධ වන සේක, සම්මා සම්බුද්ධ වන සේක, සම්මා සම්බුද්ධ වන සේක.**

මාගේ ස්වාමී වූ බුදුරජාණන් වහන්සේ අහසින් ගමන් කිරීමද, පොළොවේ කිමිදී වෙන තැනකින් මතුවීමද, ජලයේ සක්මන් කිරීමද, සියල්ල විනිවිද නොපෙනී ගමන් කිරීම ආදී අනන්ත ප්‍රාතිහාර්යයන්ගෙන් යුතු ඉර්ධිවිධ ඥානය ලබාගත් සේක. දුර තිබෙන රූපයන්ද ළඟ තිබෙන රූපයන්ද දැකීමේ හැකියාව වූ දිබ්බචක්ඛු ඥානය ලබාගත්

සේක. දුර තිබෙන ශබ්දයන්ද ළඟ තිබෙන ශබ්දයන්ද ඇසීමේ හැකියාව වූ දිබ්බසෝත ඥානය ලබාගත් සේක. සියලු ලෝක සත්වයින්ගේ අතීත ජීවිත දැකීමේ හැකියාව වූ පුබ්බේනිවාසානුස්සති ඥානය ලබාගත් සේක. සියලු ලෝක සත්වයන් උපදින ආකාරය ද කර්මානුරූපව චුතවන ආකාරයද දැකීමේ හැකියාව වූ චුතූපපාත ඥානය ලබාගත් සේක. සියලු ආශ්‍රවයන් මුලුමනින්ම නැති කොට ඥාණාලෝකය උපදවාගෙන ආසවක්ඛය ඥානය ලබාගත් සේක.

මෙසේ අනන්ත ඥානයෙන්ද, අනන්ත සීලයෙන්ද, අනන්ත සමාධියෙන්ද, අනන්ත ගුණයෙන්ද සමන්විත නිසා **බුදුරජාණන් වහන්සේ විජ්ජාචරණ සම්පන්න වන සේක. විජ්ජාචරණ සම්පන්න වන සේක, විජ්ජාචරණ සම්පන්න වන සේක.**

මාගේ ස්වාමී වූ බුදුරජාණන් වහන්සේ සුන්දර නිවන් මග සොයාගෙන සුන්දර නිවනට වැඩම කළ නිසා **සුගත වන සේක, සුගත වන සේක, සුගත වන සේක.**

මාගේ ස්වාමී වූ බුදුරජාණන් වහන්සේ සියලු බ්‍රහ්ම ලෝකද, සියලු දිව්‍ය ලෝකද, මේ මිනිස් ලෝකයද, සියලු ප්‍රේතලෝකයද, සතර අපාය ආදී මේ සියලු ලෝකයන් අවබෝධ කොට ගෙන සියලු ලෝක වලින් නිදහස් වූ නිසා **ලෝකවිදූ වන සේක, ලෝකවිදූ වන සේක, ලෝක විදූ වන සේක.**

මාගේ ස්වාමී වූ බුදුරජාණන් වහන්සේ ඉර්ධි ප්‍රාතිහාර්යයෙන්ද, අනුන්ගේ සිත් දකිමින් දහම් දෙසීම නම් වූ ආදේශනා ප්‍රාතිහාර්යයෙන්ද, අනුශාසනා ප්‍රාතිහාර්යයෙන්ද අකීකරු දෙව් මිනිසුන්ව දමනය කොට

දහමට කීකරු කරවා අමා මහ නිවනට පමණුවා වදාළ නිසා **අනුත්තරෝ පුරිසදම්ම සාරථී වන සේක, අනුත්තරෝ පුරිසදම්ම සාරථී වන සේක, අනුත්තරෝ පුරිසදම්ම සාරථී වන සේක...**

මාගේ ස්වාමී වූ බුදුරජාණන් වහන්සේ නුවණැති දෙවියන්ටද, නුවණැති මිනිසුන්ටද සසර කතරින් එතෙර වීම පිණිස මාර්ගය පෙන්වා වදාළ නිසා **සත්ථා දේවමනුස්සානං වන සේක, සත්ථා දේවමනුස්සානං වන සේක, සත්ථා දේවමනුස්සානං වන සේක.**

මාගේ ස්වාමී වූ බුදුරජාණන් වහන්සේ අවබෝධ කොට වදාළ චතුරාර්ය සත්‍යය ධර්මයන් අන්‍යයන්ටද අවබෝධ කරගැනීම පිණිස ඉතා සුන්දර ලෙස, ඉතා පැහැදිලි ලෙස, පැහැදිලි වචන වලින්, පැහැදිලි අර්ථ වලින් දේශනා කොට වදාළ නිසා **බුද්ධ වන සේක, බුද්ධ වන සේක. බුද්ධ වන සේක.**

මාගේ ස්වාමී වූ බුදුරජාණන් වහන්සේ, මේ සියලු සම්බුදු ගුණ දරාගැනීමට තරම් භාග්‍ය ඇති සේක. හිරු සඳු එළිය පරදවන අනන්ත ආලෝකය ඇති ප්‍රඥාලෝකය දරාගැනීමට තරම් භාග්‍ය ඇති සේක. මහා කරුණාවෙන් සිසිල් වී ගිය හද මඬලක් දරා වැඩසිටීමට තරම් භාග්‍ය ඇති සේක. භාග්‍ය ඇති සේක. භාග්‍ය ඇති සේක. **බුදුරජාණන් වහන්සේ භගවා වන සේක, භගවා වන සේක, භගවා වන සේක.**

බුදු ගුණ අනන්තයි. බුදු ගුණ අනන්තයි. බුදු ගුණ අනන්තයි......

අනන්ත ගුණයෙන් යුතු, අනන්ත ඥානයෙන් යුතු,

මහා කරුණාවෙන් සමන්විතව වැඩසිටියා වූ බුදුරජාණන් වහන්සේට මම නමස්කාර කරමි. මාගේ නමස්කාරය වේවා!

සාදු! සාදු!! සාදු!!!

නමෝ තස්ස භගවතෝ අරහතෝ සම්මාසම්බුද්ධස්ස
ඒ භාග්‍යවත් අරහත් සම්මා සම්බුදුරජාණන් වහන්සේට නමස්කාර වේවා!

06.
සාදු! සාදු! තෙරුවන් නමඳින්ටයි

01. සාදු! සාදු! බුදුරුවන වඳින්ටයි
සාදු! සාදු! සදහම් නමඳින්ටයි
සාදු! සාදු! සඟරුවන වඳින්ටයි
සාදු! සාදු! තෙරුවන් නමඳින්ටයි

02. ගෞතම මුනිඳුගෙ සරණ ලැබෙන්ටයි
සම්බුදු බණ පද මට සිහි වෙන්ටයි
ලොව්තුරු සඟ ගුණ සිහි කරගන්ටයි
ගෞතම සසුනේ පිහිට ලබන්ටයි

03. වඳිමි වඳිමි බුදු සමිඳුන් වඳිමි
වඳිමි වඳිමි සිරි සදහම් වඳිමි
වඳිමි වඳිමි සඟරුවන ද වඳිමි
වඳිමි වඳිමි මම තෙරුවන් වඳිමි

සාදු! සාදු! මම ගෞතම මුනිඳු සරණ යන්නේ

01. රාග ද්වේෂ මෝහ නොමැති - සිතකින් යුතු වන්නේ
සිල් සමාධි ගුණ නුවණැති - නිවන් සුවය දන්නේ
තුන් ලොව වැඳුමන් ලැබුමට - නිතියෙන් හිමි වන්නේ
අරහං යන ගුණයෙන් යුතු - බුදු හිමි නමදින්නේ
සාදු! සාදු! මම ගෞතම - මුනිඳු සරණ යන්නේ

02. ගුරු උපදෙස් කිසිවක් නැති - ඍජු ගමනකි යන්නේ
පෙරුම් පුරා ගෙන ආ බල - රැකවරණෙට එන්නේ
දස බල බුදු නුවණ ඇතිව - තුන් ලොව ජය ගන්නේ
සම්මා සම්බුදු ගුණ යුතු - බුදු හිමි නමදින්නේ
සාදු! සාදු! මම ගෞතම - මුනිඳු සරණ යන්නේ

03. කෙලෙසුන් තොර නුවණ ඇතිව - පෙර භවයන් දන්නේ
ඉපදෙන මැරෙනා සසරේ - ඇති තතු වැටහෙන්නේ
හිරු සඳු ලෙස නුවණ ඇතිව - දහමේ හැසිරෙන්නේ
විජ්ජාචරණින් යුතු වූ - බුදු හිමි නමදින්නේ
සාදු! සාදු! මම ගෞතම - මුනිඳු සරණ යන්නේ

04. සුන්දර වූ නිවන් මගෙහි - සොඳින් වැඩමවන්නේ
අමා නිවන් සුවය විඳින - සිතකින් යුතු වන්නේ
සිත කය වචනය හැම විට - සොඳුරුව පවතින්නේ
සුගත ගුණෙන් යුතු ගෞතම - මුනිඳුන් නමදින්නේ
සාදු! සාදු! මම ගෞතම - මුනිඳු සරණ යන්නේ

05. දෙව්ලොව බඹ ලොව මනු ලොව - සතර අපා දන්නේ
කළ කම් පල දෙමින් සතුන් - ඒ ඒ තැන යන්නේ
ලොව උපදින ලොවින් මිදෙන - මඟ මැනවින් දන්නේ
ලෝක විදූ ගුණයෙන් යුතු - බුදු හිමි නමදින්නේ
සාදු! සාදු! මම ගෞතම - මුනිඳු සරණ යන්නේ

06. මහා කාරුණික ගුණ ඇති - බුදු නෙත යොමු වෙන්නේ
දෙසනා විට සිරි සදහම් - ලොව දමනය වන්නේ
සසරේ සැරි සරන සතුන් - එයින් එතෙර වන්නේ
අනුත්තරෝ පුරිසදම්ම - සාරථී නම් වන්නේ
සාදු! සාදු! මම ගෞතම - මුනිඳු සරණ යන්නේ

07. දෙව්ලොව බඹ ලොව දෙවිවරු - බණ ඇසුමට එන්නේ
මනු ලොව නුවණැති මිනිසුන් - නිවන් මගෙහි යන්නේ
දෙවි මිනිසුන්ගේ උත්තම - ගුරු දෙවිඳුන් වන්නේ
සත්ථා දේවමනුස්සානං - බුදු හිමි නමදින්නේ
සාදු! සාදු! මම ගෞතම - මුනිඳු සරණ යන්නේ

08. ලෝ සත විඳිනා දුක ගැන - පැහැදිලි කරමින්නේ
දුකෙන් මිදෙන නිවන් ලබන - මග ගැන පවසන්නේ
චතුරාර්ය සත්‍යය ගැන - අවබෝධය දෙන්නේ
බුද්ධ ගුණෙන් යුතු සම්බුදු - සමිඳුන් නමදින්නේ
සාදු! සාදු! මම ගෞතම - මුනිඳු සරණ යන්නේ

09. අප මුනිඳුගෙ බුදු නුවණට - හිරු සඳු පරදින්නේ
සීල සමාහිත ගුණයට - ලොව ම වසඟ වන්නේ
දියෙන් උඩට විත් විහිදුණ - පියුමක් විලසින්නේ
භගවා යන ගුණයෙන් යුතු - බුදු හිමි නමදින්නේ
සාදු! සාදු! මම ගෞතම - මුනිඳු සරණ යන්නේ

සාදු! සාදු! මම ගෞතම බුදු බණ නමදින්නේ

01. මුල මැද අග පිරිසිදු ලෙස - අරුතින් සරු වන්නේ
අවබෝධය ඇති කරවන - වචන හසුරුවන්නේ
මහා කාරුණික නුවණින් - සදහම් දෙසමින්නේ
අප මුනිඳුන් වදහළ බණ - ස්වාක්ඛාත වන්නේ
සාදු! සාදු! මම ගෞතම - බුදු බණ නමදින්නේ

02. පරලොව නොව මෙලොව දී ම - දැක ගත හැකි වන්නේ
අකුසල් දුරු කොට සිල් ගුණ - මතු කළ යුතු වන්නේ
කළණ මිතුරු ඇසුර ඇතිව - සදහම් අසමින්නේ
සන්දිට්ඨික වූ බුදු බණ - දැන ගත යුතු වන්නේ
සාදු! සාදු! මම ගෞතම - බුදු බණ නමදින්නේ

03. කල් නොයවා පිහිට ලැබෙන - ගුණයෙන් යුතු වන්නේ
මල් වරුසාවක් විලසට - ලොවට සතුට දෙන්නේ
සිල් සමාධි නුවණ වඩන - නිවනට යොමු වන්නේ
අකාලිකයි සම්බුදු බණ - සිත පහදා ගන්නේ
සාදු! සාදු! මම ගෞතම - බුදු බණ නමදින්නේ

04. රහසේ උපදෙස් පවසන - දෙයින් බැහැර වන්නේ
කාටත් පෙන්වා දිය හැකි - හිරු සඳු විලසින්නේ
ඒ සදහම් මතු වුණ විට - මැනවින් දිලිසෙන්නේ
ඒහිපස්සිකයි බුදු බණ - සිත පහදා ගන්නේ
සාදු! සාදු! මම ගෞතම - බුදු බණ නමදින්නේ

05. බණ අසමින් සිත පහදා - එය පිළිපදිමින්නේ
දහමට විනයට අනුව ම - හැසිරිය යුතු වන්නේ
තමා තුළ ම ඇති කරගෙන - සදහම් දකිමින්නේ
ඕපනයික වූ බුදු බණ - දැන ගත යුතු වන්නේ
සාදු! සාදු! මම ගෞතම - බුදු බණ නමදින්නේ

06. නුවණැති අය බුදු බණ ගැන - සිත පහදා ගන්නේ
නුවණින් යුතුව ම දහමේ - සතුටින් හැසිරෙන්නේ
තම තම නැණ පමණින් ඒ - සදහම් දකිමින්නේ
පච්චත්තං වේදිතබ්බ - විඤ්ඤූ බව දන්නේ
සාදු! සාදු! මම ගෞතම - බුදු බණ නමදින්නේ

සාදු! සාදු! මම ගෞතම
ශ්‍රාවක නමදින්නේ

01. රාග ද්වේෂ මෝහ නසන - දහම් ඉගෙන ගන්නේ
දහමට විනයට අනුව ම - බඹසර සුරකින්නේ
බුදු සසුනට ඇතුලු වෙලා - සිවුරු දරාගන්නේ
ඒ ශ්‍රාවක සඟරුවන ද - සුපටිපන්න වන්නේ
සාදු! සාදු! මම ගෞතම - ශ්‍රාවක නමදින්නේ

02. අන්ත දෙකම බැහැර කෙරුව - නිවන් මගෙහි යන්නේ
සිල් සමාධි නුවණ සපිරි - අටඟින් යුතු වන්නේ
සසරින් එතෙරට ගෙන යන - ඍජු මග වඩිමින්නේ
උජුපටිපන්නයි සඟ ගණ - සිත පහදා ගන්නේ
සාදු! සාදු! මම ගෞතම - ශ්‍රාවක නමදින්නේ

03. අවිදු අඳුරු දුරු කරවන - විදසුන් වඩමින්නේ
චතුරාර්ය සත්‍යය වෙත - සිත යොමු කරමින්නේ
අවබෝධය සලසාලන - නිවන් මගෙහි යන්නේ

ඤායපටිපන්නයි සඟ ගණ - නුවණින් බබලන්නේ
සාදු! සාදු! මම ගෞතම - ශ්‍රාවක නමදින්නේ

04. විහිළු තහළු ඕපදූප - බණකට නොකියන්නේ
ජීවිතයේ ඇති තතු ගැන - නිසි ලෙස පහදන්නේ
උතුම් නිවන් මඟ මතු වන - බුදු බණ දෙසමින්නේ
සාමීචිපටිපන්නයි සඟ ගණ - කළණ මිතුරු වන්නේ
සාදු! සාදු! මම ගෞතම - ශ්‍රාවක නමදින්නේ

05. මගඵල පියවර සතරකි - යුගල විලස ගන්නේ
වෙන් වෙන් වශයෙන් ගත් විට - අට දෙනෙක් ම වන්නේ
චතුරාර්ය සත්‍යය දුටු - ඒ ශ්‍රාවකයන්නේ
සරු පිළිවෙත නිසා ලොවේ - සසුනයි බබලන්නේ
සාදු! සාදු! මම ගෞතම - ශ්‍රාවක නමදින්නේ

06. දුර ගොස් දන් පිදිය යුතුය - ආහුණෙය්‍ය වන්නේ
ආගන්තුක දන් සුදුසු ය - පාහුණෙය්‍ය වන්නේ
පින් සලකා දීම හොඳ ය - දක්ඛිණෙය්‍ය වන්නේ
අංජලිකරණී ගුණයට - ගරු කළ යුතු වන්නේ
සාදු! සාදු! මම ගෞතම - ශ්‍රාවක නමදින්නේ

07. සිහිනුවණින් යුතුව සොඳින් - සිල් පද සුරකින්නේ
සසරේ උපදින දුක වෙත - යන්නට බිය වන්නේ
අට ලෝ දහමට නොසැලෙන - දහම කරා යන්නේ
ලොවට උතුම් පින්කෙත වූ - සඟ ගණ නමදින්නේ
සාදු! සාදු! මම ගෞතම - ශ්‍රාවක නමදින්නේ

සාදු! සාදු!! සාදු!!!

මහාමේඝ පුකාශන

www.ingramcontent.com/pod-product-compliance
Lightning Source LLC
Chambersburg PA
CBHW060657030426
42337CB00017B/2669